Name_____

Jump to It

Add.

A.   0 + 2 = ___   1 + 2 = ___   3 + 0 = ___

B.   1 + 0 = ___   2 + 2 = ___   0 + 4 = ___

C.   0 + 0 = ___   1 + 1 = ___   5 + 0 = ___

D.   3 + 1 = ___   2 + 3 = ___   1 + 4 = ___

E.   0 + 3 = ___   2 + 1 = ___   2 + 2 = ___

F.   2 + 0 = ___   4 + 0 = ___   0 + 1 = ___

G.   1 + 1 = ___   3 + 2 = ___   0 + 0 = ___

H.   1 + 3 = ___   0 + 5 = ___   4 + 1 = ___

I.   2 + 1 = ___   3 + 1 = ___   2 + 3 = ___

J.   4 + 0 = ___   1 + 4 = ___   1 + 2 = ___

Blast Off!

Add.

A.   1   3   0   3   4   2
   + 4   + 1   + 5   + 2   + 0   + 1
   ____   ____   ____   ____   ____   ____

B.   2   1   2   1   3   0
   + 3   + 1   + 2   + 2   + 0   + 1
   ____   ____   ____   ____   ____   ____

C.   0   5   1   0   4   2
   + 4   + 0   + 4   + 0   + 1   + 3
   ____   ____   ____   ____   ____   ____

D.   1   4   2   1   1   2
   + 2   + 0   + 1   + 3   + 1   + 0
   ____   ____   ____   ____   ____   ____

E.   0   1   0
   + 0   + 0   + 2
   ____   ____   ____

F.   2   3   0
   + 2   + 1   + 3
   ____   ____   ____

2	3	4
red	yellow	blue

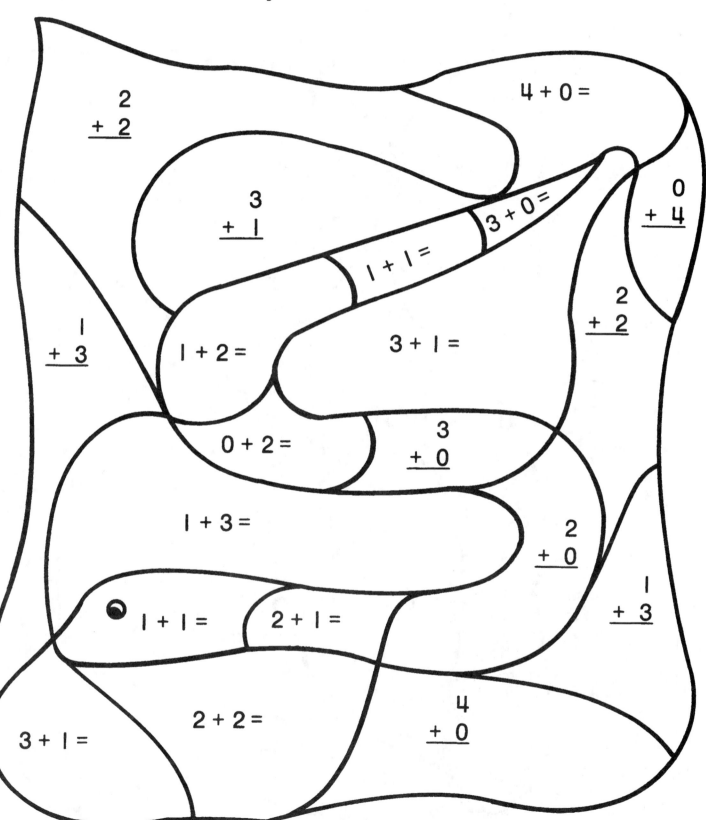

Name _____

3   4   5
blue   yellow   green

3 — red
4 — orange
5 — green

Try these!

2 + 1

1 + 2

3 + 1

3 + 0

2 + 2

3 + 2

Color the boxes. Use the color key.

0 +3	2 +1	3 +0	5 +0	1 +3	2 +2	0 +4	1 +4
4 +1	1 +2	3 +2	5 +0	4 +0	2 +3	4 +0	5 +0
3 +2	3 +0	4 +1	5 +0	3 +1	4 +1	2 +2	2 +3
5 +0	2 +1	3 +2	1 +4	2 +2	3 +1	1 +3	5 +0

The Muffin Man

A. $2 - 1 =$ ___ $5 - 0 =$ ___ $3 - 1 =$ ___

B. $4 - 2 =$ ___ $1 - 1 =$ ___ $5 - 3 =$ ___

C. $4 - 0 =$ ___ $0 - 0 =$ ___ $5 - 1 =$ ___

D. $5 - 4 =$ ___ $3 - 3 =$ ___ $1 - 0 =$ ___

E. $5 - 2 =$ ___ $5 - 5 =$ ___ $3 - 2 =$ ___

F. $2 - 2 =$ ___ $4 - 1 =$ ___ $3 - 0 =$ ___

G. $2 - 0 =$ ___ $4 - 4 =$ ___ $4 - 3 =$ ___

H. $5 - 1 =$ ___ $4 - 2 =$ ___ $3 - 2 =$ ___

I. $2 - 2 =$ ___ $1 - 0 =$ ___ $5 - 4 =$ ___

J. $4 - 1 =$ ___ $5 - 2 =$ ___ $4 - 3 =$ ___

Balloons

A.
$$3 - 1$$
$$4 - 3$$
$$2 - 0$$

B.
$$4 - 2$$
$$0 - 0$$
$$5 - 3$$

C.
$$2 - 1$$
$$5 - 4$$
$$4 - 0$$
$$1 - 1$$
$$3 - 2$$
$$1 - 0$$

D.
$$5 - 2$$
$$2 - 2$$
$$5 - 1$$
$$4 - 4$$
$$3 - 0$$
$$5 - 0$$

E.
$$3 - 3$$
$$4 - 1$$
$$5 - 5$$
$$2 - 1$$
$$3 - 3$$
$$5 - 5$$

F.
$$4 - 0$$
$$3 - 1$$
$$2 - 0$$
$$1 - 1$$
$$5 - 0$$
$$4 - 4$$

Color the boxes.
0 — yellow
1 — blue
2 — red

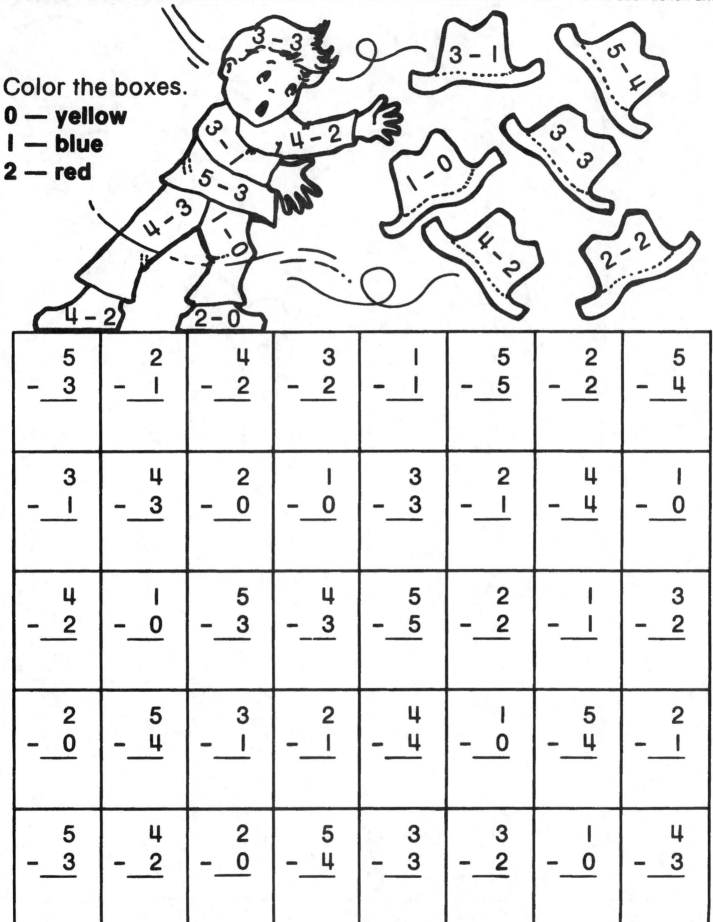

5 − 3	2 − 1	4 − 2	3 − 2	1 − 1	5 − 5	2 − 2	5 − 4
3 − 1	4 − 3	2 − 0	1 − 0	3 − 3	2 − 1	4 − 4	1 − 0
4 − 2	1 − 0	5 − 3	4 − 3	5 − 5	2 − 2	1 − 1	3 − 2
2 − 0	5 − 4	3 − 1	2 − 1	4 − 4	1 − 0	5 − 4	2 − 1
5 − 3	4 − 2	2 − 0	5 − 4	3 − 3	3 − 2	1 − 0	4 − 3

Name _____

Match:

2 + 2 5 2 + 3 4 5 - 2 3	1 + 4 5 1 + 3 4 5 - 2 3	4 - 1 5 5 - 1 4 5 - 0 3
4 - 0 2 2 + 1 3 4 - 2 4	0 + 2 2 5 - 1 3 1 + 2 4	3 + 1 2 2 + 1 3 1 + 1 4
5 - 3 0 5 - 4 1 5 - 5 2	4 - 2 0 0 + 0 1 5 - 4 2	3 - 2 0 4 - 4 1 5 - 3 2
5 - 2 1 4 - 3 3 5 - 0 5	2 + 1 1 0 + 5 3 5 - 4 5	3 + 2 1 0 + 3 3 3 - 2 5

Fill in the missing numbers.

$$\begin{array}{c} 4 \\ +1 \\ \hline \end{array} \qquad \begin{array}{c} 1 \\ +4 \\ \hline \end{array} \qquad \begin{array}{c} 5 \\ -1 \\ \hline \end{array} \qquad \begin{array}{c} 5 \\ -4 \\ \hline \end{array}$$

$$\begin{array}{c} 2 \\ +3 \\ \hline \end{array} \qquad \begin{array}{c} 3 \\ +2 \\ \hline \end{array} \qquad \begin{array}{c} 5 \\ -2 \\ \hline \end{array} \qquad \begin{array}{c} 5 \\ -3 \\ \hline \end{array}$$

$$\begin{array}{c} 5 \\ +0 \\ \hline \end{array} \qquad \begin{array}{c} 0 \\ +5 \\ \hline \end{array} \qquad \begin{array}{c} 5 \\ -0 \\ \hline \end{array} \qquad \begin{array}{c} 5 \\ -5 \\ \hline \end{array}$$

$2 + 3 = $ _____

$5 - 3 = $ _____

$3 + 2 = $ _____

$5 - 2 = $ _____

$5 + 0 = $ _____

$5 - 0 = $ _____

$0 + 5 = $ _____

$5 - 5 = $ _____

$1 + 4 = $ _____

$5 - 4 = $ _____

$4 + 1 = $ _____

$5 - 1 = $ _____

$5 - 2 = $ _____

$5 - 3 = $ _____

$3 + 2 = $ _____

$2 + 3 = $ _____

Fill in the missing numbers.

$$\begin{array}{ccc} 1 & 5 & 5 \\ +4 & -2 & +0 \end{array}$$

$$\begin{array}{ccc} 5 & 2 & 5 \\ -0 & +3 & -4 \end{array}$$

$3 + 2 =$ _____

$5 - 1 =$ _____

$1 + 4 =$ _____

$5 + 0 =$ _____

$5 - 3 =$ _____

$0 + 5 =$ _____

$2 + 3 =$ _____

$5 - 2 =$ _____

$5 - 4 =$ _____

$4 + 1 =$ _____

$1 + 4 =$ _____

$5 - 0 =$ _____

$5 - 3 =$ _____

$0 + 5 =$ _____

$2 + 3 =$ _____

$5 - 2 =$ _____

$3 + 2 =$ _____

$4 + 1 =$ _____

$5 - 5 =$ _____

$5 - 4 =$ _____

$$\begin{array}{ccc} 5 & 4 & 5 \\ -3 & +1 & -5 \end{array}$$

$$\begin{array}{ccc} 3 & 5 & 0 \\ +2 & -1 & +5 \end{array}$$

Fill in a **plus** or **minus** in each circle to make the number sentence correct.

1 ⊕ 1 = 2

2 ◯ 1 = 1

1 ◯ 3 = 4

2 ◯ 1 = 1

4 ◯ 1 = 5

2 ◯ 2 = 0

2 ◯ 2 = 4

2 ◯ 3 = 5

3 ◯ 2 = 1

4 ◯ 2 = 2

5 ◯ 3 = 2

5 ◯ 5 = 0

5 ◯ 2 = 3

3 ◯ 2 = 5

4 ◯ 2 = 2

4 ◯ 4 = 0

4 ◯ 1 = 5

5 ◯ 1 = 4

5 ◯ 4 = 1

4 ◯ 3 = 1

3 ◯ 3 = 0

2 ◯ 3 = 5

4
blue

5
brown

6
green

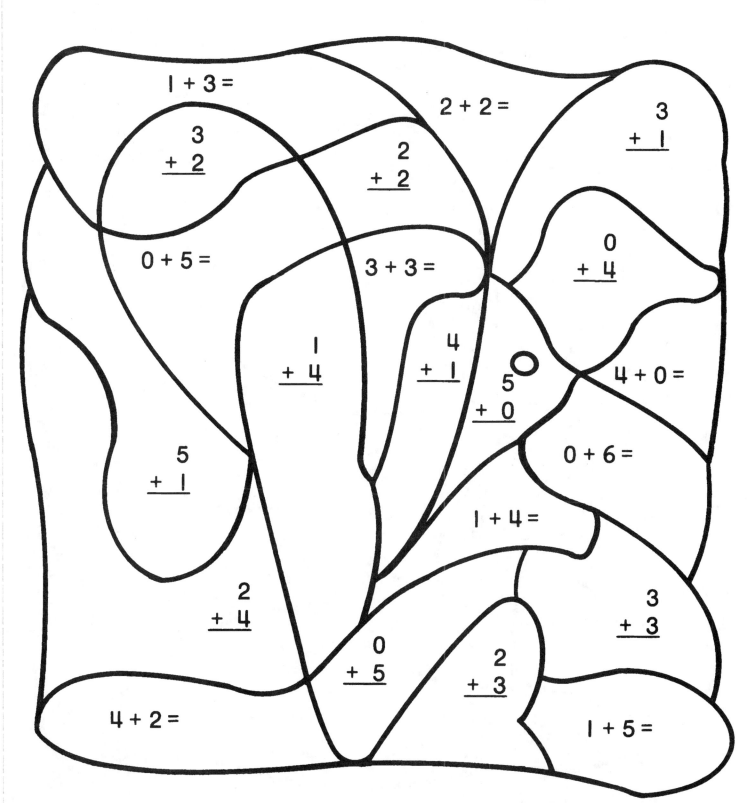

5
green

6
brown

7
blue

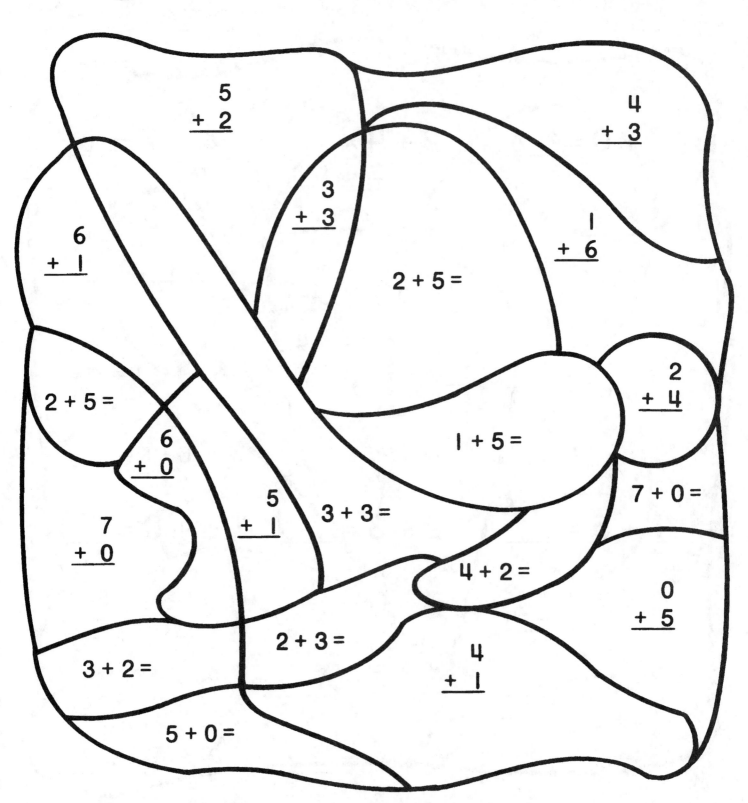

Make Way for Ducklings

Add.

A. $1 + 6 =$ ___	$8 + 0 =$ ___	$4 + 1 =$ ___
B. $7 + 0 =$ ___	$2 + 4 =$ ___	$1 + 7 =$ ___
C. $3 + 2 =$ ___	$1 + 4 =$ ___	$0 + 5 =$ ___
D. $5 + 3 =$ ___	$4 + 2 =$ ___	$6 + 1 =$ ___
E. $0 + 6 =$ ___	$0 + 8 =$ ___	$6 + 2 =$ ___
F. $3 + 3 =$ ___	$3 + 5 =$ ___	$4 + 4 =$ ___
G. $1 + 5 =$ ___	$2 + 3 =$ ___	$6 + 0 =$ ___
H. $0 + 7 =$ ___	$5 + 0 =$ ___	$2 + 6 =$ ___
I. $3 + 4 =$ ___	$5 + 2 =$ ___	$7 + 1 =$ ___
J. $2 + 5 =$ ___	$5 + 1 =$ ___	$4 + 3 =$ ___

Fishing for Sums

Add.

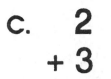

A.
$$1 + 5$$ $$3 + 4$$ $$0 + 6$$

B.
$$4 + 4$$ $$5 + 2$$ $$0 + 8$$

C.
$$2 + 3$$ $$7 + 1$$ $$6 + 2$$ $$0 + 7$$ $$5 + 3$$ $$1 + 6$$

D.
$$6 + 0$$ $$2 + 5$$ $$3 + 3$$ $$5 + 0$$ $$4 + 2$$ $$8 + 0$$

E.
$$4 + 3$$ $$5 + 1$$ $$3 + 5$$ $$2 + 6$$ $$6 + 1$$ $$4 + 1$$

F.
$$7 + 0$$ $$2 + 4$$ $$1 + 7$$ $$1 + 4$$ $$0 + 5$$ $$3 + 2$$

Teddy Bears' Picnic

Add.

A. $8 + 0 =$ ___ $5 + 5 =$ ___ $1 + 8 =$ ___

B. $8 + 2 =$ ___ $4 + 5 =$ ___ $5 + 3 =$ ___

C. $3 + 6 =$ ___ $2 + 8 =$ ___ $1 + 7 =$ ___

D. $9 + 1 =$ ___ $7 + 2 =$ ___ $2 + 7 =$ ___

E. $3 + 5 =$ ___ $3 + 7 =$ ___ $8 + 1 =$ ___

F. $5 + 4 =$ ___ $7 + 1 =$ ___ $2 + 6 =$ ___

G. $0 + 9 =$ ___ $4 + 4 =$ ___ $6 + 4 =$ ___

H. $1 + 9 =$ ___ $6 + 3 =$ ___ $8 + 0 =$ ___

I. $9 + 0 =$ ___ $7 + 3 =$ ___ $6 + 2 =$ ___

J. $2 + 7 =$ ___ $4 + 6 =$ ___ $3 + 6 =$ ___

On the Ball

Add.

$$\begin{array}{cccc} \text{A.} & 7 & 4 & 0 \\ & +1 & +4 & +9 \\ \hline \end{array}$$

$$\begin{array}{cccc} \text{B.} & 8 & 3 & 2 \\ & +1 & +5 & +8 \\ \hline \end{array}$$

$$\begin{array}{ccccccc} \text{C.} & 3 & 2 & 5 & 2 & 8 & 4 \\ & +7 & +6 & +4 & +7 & +2 & +5 \\ \hline \end{array}$$

$$\begin{array}{ccccccc} \text{D.} & 1 & 3 & 1 & 4 & 7 & 9 \\ & +8 & +6 & +7 & +6 & +3 & +0 \\ \hline \end{array}$$

$$\begin{array}{ccccccc} \text{E.} & 9 & 7 & 2 & 6 & 8 & 6 \\ & +1 & +2 & +8 & +2 & +0 & +3 \\ \hline \end{array}$$

$$\begin{array}{ccccccc} \text{F.} & 3 & 5 & 6 & 5 & 1 & 0 \\ & +7 & +3 & +4 & +5 & +9 & +8 \\ \hline \end{array}$$

3 — green
4 — blue
5 — red
6 — yellow

Color the boxes.

2 + 1	1 + 2	3 + 0	2 + 2	1 + 3	4 + 1	3 + 2	3 + 3
3 + 0	3 + 3	4 + 2	4 + 0	2 + 4	2 + 3	3 + 3	5 + 1
2 + 1	0 + 3	3 + 0	3 + 1	1 + 3	1 + 4	5 + 0	4 + 2
3 + 3	5 + 1	2 + 1	4 + 0	1 + 5	0 + 5	3 + 3	1 + 5
1 + 2	3 + 0	0 + 3	2 + 2	0 + 4	3 + 2	4 + 1	2 + 4

Color the boxes.
3 — red
4 — yellow
5 — orange
6 — brown

$3 + 3$

$6 + 0$

$1 + 2$ $3 + 3$

$4 + 1$ $3 + 2$

$2 + 2$ $2 + 1$

$1 + 3$

$\begin{array}{r} 1 \\ + \ 3 \\ \hline \end{array}$	$\begin{array}{r} 3 \\ + \ 3 \\ \hline \end{array}$	$\begin{array}{r} 2 \\ + \ 1 \\ \hline \end{array}$	$\begin{array}{r} 1 \\ + \ 2 \\ \hline \end{array}$	$\begin{array}{r} 3 \\ + \ 0 \\ \hline \end{array}$	$\begin{array}{r} 2 \\ + \ 3 \\ \hline \end{array}$	$\begin{array}{r} 4 \\ + \ 1 \\ \hline \end{array}$	$\begin{array}{r} 5 \\ + \ 0 \\ \hline \end{array}$
$\begin{array}{r} 4 \\ + \ 0 \\ \hline \end{array}$	$\begin{array}{r} 6 \\ + \ 0 \\ \hline \end{array}$	$\begin{array}{r} 2 \\ + \ 4 \\ \hline \end{array}$	$\begin{array}{r} 0 \\ + \ 3 \\ \hline \end{array}$	$\begin{array}{r} 4 \\ + \ 2 \\ \hline \end{array}$	$\begin{array}{r} 1 \\ + \ 4 \\ \hline \end{array}$	$\begin{array}{r} 2 \\ + \ 4 \\ \hline \end{array}$	$\begin{array}{r} 3 \\ + \ 2 \\ \hline \end{array}$
$\begin{array}{r} 2 \\ + \ 2 \\ \hline \end{array}$	$\begin{array}{r} 1 \\ + \ 5 \\ \hline \end{array}$	$\begin{array}{r} 4 \\ + \ 2 \\ \hline \end{array}$	$\begin{array}{r} 2 \\ + \ 1 \\ \hline \end{array}$	$\begin{array}{r} 6 \\ + \ 0 \\ \hline \end{array}$	$\begin{array}{r} 5 \\ + \ 0 \\ \hline \end{array}$	$\begin{array}{r} 2 \\ + \ 3 \\ \hline \end{array}$	$\begin{array}{r} 4 \\ + \ 1 \\ \hline \end{array}$
$\begin{array}{r} 3 \\ + \ 1 \\ \hline \end{array}$	$\begin{array}{r} 3 \\ + \ 3 \\ \hline \end{array}$	$\begin{array}{r} 2 \\ + \ 4 \\ \hline \end{array}$	$\begin{array}{r} 3 \\ + \ 0 \\ \hline \end{array}$	$\begin{array}{r} 1 \\ + \ 5 \\ \hline \end{array}$	$\begin{array}{r} 1 \\ + \ 4 \\ \hline \end{array}$	$\begin{array}{r} 3 \\ + \ 3 \\ \hline \end{array}$	$\begin{array}{r} 4 \\ + \ 2 \\ \hline \end{array}$
$\begin{array}{r} 4 \\ + \ 0 \\ \hline \end{array}$	$\begin{array}{r} 1 \\ + \ 3 \\ \hline \end{array}$	$\begin{array}{r} 0 \\ + \ 3 \\ \hline \end{array}$	$\begin{array}{r} 1 \\ + \ 2 \\ \hline \end{array}$	$\begin{array}{r} 2 \\ + \ 1 \\ \hline \end{array}$	$\begin{array}{r} 3 \\ + \ 2 \\ \hline \end{array}$	$\begin{array}{r} 1 \\ + \ 5 \\ \hline \end{array}$	$\begin{array}{r} 2 \\ + \ 4 \\ \hline \end{array}$

5 — red
6 — yellow
7 — blue

Color the boxes.

1 + 4	6 + 1	5 + 0	1 + 6	4 + 2	1 + 5	3 + 3	7 + 0
3 + 2	4 + 3	2 + 3	3 + 4	6 + 0	5 + 2	4 + 3	2 + 5
5 + 0	5 + 2	4 + 1	5 + 2	2 + 4	6 + 0	5 + 1	6 + 1
2 + 3	3 + 4	3 + 2	7 + 0	5 + 2	1 + 6	3 + 3	4 + 3
4 + 1	5 + 0	1 + 4	3 + 4	5 + 1	4 + 2	2 + 4	6 + 1

4 + 1   5 + 2   3 + 2   3 + 4
3 + 3   4 + 2   2 + 3

Color the boxes.

4 — black
5 — yellow
6 — orange
7 — blue

3 + 1

3 + 3	4 + 2	1 + 5	4 + 0	1 + 3	0 + 4	5 + 0	3 + 2
5 + 2	6 + 0	4 + 3	1 + 6	3 + 1	5 + 2	2 + 3	6 + 1
4 + 3	5 + 1	2 + 5	3 + 4	2 + 2	1 + 6	4 + 1	5 + 0
5 + 2	2 + 4	6 + 1	7 + 0	4 + 0	4 + 3	2 + 3	5 + 2
1 + 6	3 + 3	5 + 2	2 + 2	3 + 1	0 + 4	1 + 4	3 + 2

6 — brown
7 — orange
8 — green

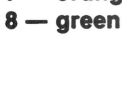

$4 + 4$

$3 + 4$

$6 + 1$

$4 + 2$

$5 + 2$

$7 + 0$

$4 + 4$

Color the boxes.

$\begin{array}{r} 4 \\ +\ 3 \\ \hline \end{array}$	$\begin{array}{r} 5 \\ +\ 2 \\ \hline \end{array}$	$\begin{array}{r} 3 \\ +\ 4 \\ \hline \end{array}$	$\begin{array}{r} 1 \\ +\ 7 \\ \hline \end{array}$	$\begin{array}{r} 6 \\ +\ 0 \\ \hline \end{array}$	$\begin{array}{r} 3 \\ +\ 3 \\ \hline \end{array}$	$\begin{array}{r} 4 \\ +\ 2 \\ \hline \end{array}$	$\begin{array}{r} 3 \\ +\ 5 \\ \hline \end{array}$
$\begin{array}{r} 6 \\ +\ 1 \\ \hline \end{array}$	$\begin{array}{r} 8 \\ +\ 0 \\ \hline \end{array}$	$\begin{array}{r} 7 \\ +\ 0 \\ \hline \end{array}$	$\begin{array}{r} 3 \\ +\ 5 \\ \hline \end{array}$	$\begin{array}{r} 4 \\ +\ 4 \\ \hline \end{array}$	$\begin{array}{r} 1 \\ +\ 5 \\ \hline \end{array}$	$\begin{array}{r} 2 \\ +\ 6 \\ \hline \end{array}$	$\begin{array}{r} 7 \\ +\ 1 \\ \hline \end{array}$
$\begin{array}{r} 3 \\ +\ 4 \\ \hline \end{array}$	$\begin{array}{r} 2 \\ +\ 5 \\ \hline \end{array}$	$\begin{array}{r} 1 \\ +\ 6 \\ \hline \end{array}$	$\begin{array}{r} 8 \\ +\ 0 \\ \hline \end{array}$	$\begin{array}{r} 5 \\ +\ 3 \\ \hline \end{array}$	$\begin{array}{r} 5 \\ +\ 1 \\ \hline \end{array}$	$\begin{array}{r} 2 \\ +\ 6 \\ \hline \end{array}$	$\begin{array}{r} 4 \\ +\ 4 \\ \hline \end{array}$
$\begin{array}{r} 1 \\ +\ 6 \\ \hline \end{array}$	$\begin{array}{r} 6 \\ +\ 2 \\ \hline \end{array}$	$\begin{array}{r} 4 \\ +\ 3 \\ \hline \end{array}$	$\begin{array}{r} 6 \\ +\ 2 \\ \hline \end{array}$	$\begin{array}{r} 1 \\ +\ 7 \\ \hline \end{array}$	$\begin{array}{r} 2 \\ +\ 4 \\ \hline \end{array}$	$\begin{array}{r} 4 \\ +\ 4 \\ \hline \end{array}$	$\begin{array}{r} 3 \\ +\ 5 \\ \hline \end{array}$

5 — yellow
6 — orange
7 — brown
8 — green

Spring into action!

4 + 3   5 + 2

6 + 1   3 + 3   2 + 5

3 + 4   7 + 0

Color the boxes.

0 + 8	4 + 3	6 + 1	3 + 4	4 + 1	2 + 3	5 + 0	4 + 4
4 + 4	8 + 0	2 + 5	7 + 1	1 + 7	4 + 1	7 + 1	1 + 7
2 + 6	5 + 3	1 + 6	5 + 3	3 + 5	3 + 2	5 + 3	4 + 4
3 + 5	1 + 6	4 + 3	6 + 1	2 + 6	4 + 1	6 + 2	5 + 3

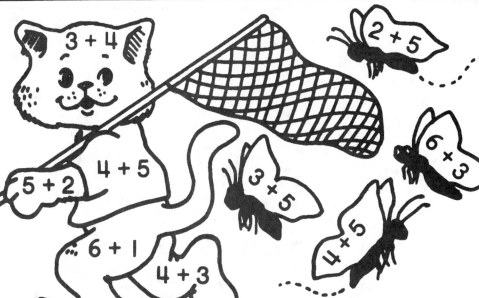

Color the boxes.
7 — orange
8 — red
9 — yellow

8 + 0	3 + 5	7 + 1	4 + 4	9 + 0	6 + 1	2 + 5	4 + 3
2 + 6	7 + 2	5 + 4	8 + 1	3 + 6	3 + 4	5 + 4	1 + 6
5 + 3	4 + 5	4 + 4	8 + 0	5 + 4	7 + 0	8 + 1	3 + 4
6 + 2	6 + 3	7 + 2	7 + 1	2 + 7	1 + 6	5 + 4	2 + 5
1 + 7	3 + 5	6 + 2	4 + 4	4 + 5	5 + 2	7 + 0	4 + 3

Color the boxes.
6 — red
7 — orange
8 — yellow
9 — blue

Don't get stuck!

4 + 4

3 + 3

4 + 5

1 + 7

6 + 3

3 + 3

5 + 3

4 + 2

2 + 6

5 + 3	7 + 1	4 + 4	8 + 1	3 + 4	7 + 2	3 + 3	6 + 3
8 + 0	3 + 6	6 + 2	4 + 5	2 + 5	5 + 4	4 + 2	9 + 0
3 + 5	2 + 6	1 + 7	2 + 7	6 + 1	8 + 1	1 + 5	7 + 2
4 + 4	1 + 8	5 + 3	6 + 3	4 + 3	0 + 7	6 + 0	3 + 3

Name _____

Get Set . . . . . Go

7 — yellow
8 — orange
9 — blue
10 — brown

Inside the dog illustration:
$8 + 2$
$9 + 1$
$4 + 3$
$4 + 4$
$6 + 4$
$7 + 1$
$9 + 1$
$5 + 5$
$7 + 3$
$4 + 6$
$7 + 2$
$6 + 3$

Color the boxes.

$\begin{array}{r}4\\+\ 6\end{array}$	$\begin{array}{r}8\\+\ 2\end{array}$	$\begin{array}{r}5\\+\ 5\end{array}$	$\begin{array}{r}7\\+\ 0\end{array}$	$\begin{array}{r}5\\+\ 2\end{array}$	$\begin{array}{r}6\\+\ 1\end{array}$	$\begin{array}{r}7\\+\ 1\end{array}$	$\begin{array}{r}3\\+\ 5\end{array}$
$\begin{array}{r}9\\+\ 1\end{array}$	$\begin{array}{r}8\\+\ 1\end{array}$	$\begin{array}{r}7\\+\ 3\end{array}$	$\begin{array}{r}6\\+\ 3\end{array}$	$\begin{array}{r}4\\+\ 3\end{array}$	$\begin{array}{r}7\\+\ 2\end{array}$	$\begin{array}{r}4\\+\ 4\end{array}$	$\begin{array}{r}8\\+\ 1\end{array}$
$\begin{array}{r}3\\+\ 7\end{array}$	$\begin{array}{r}6\\+\ 4\end{array}$	$\begin{array}{r}2\\+\ 8\end{array}$	$\begin{array}{r}2\\+\ 7\end{array}$	$\begin{array}{r}3\\+\ 4\end{array}$	$\begin{array}{r}5\\+\ 4\end{array}$	$\begin{array}{r}6\\+\ 2\end{array}$	$\begin{array}{r}3\\+\ 5\end{array}$
$\begin{array}{r}5\\+\ 5\end{array}$	$\begin{array}{r}1\\+\ 8\end{array}$	$\begin{array}{r}9\\+\ 0\end{array}$	$\begin{array}{r}3\\+\ 6\end{array}$	$\begin{array}{r}6\\+\ 1\end{array}$	$\begin{array}{r}2\\+\ 7\end{array}$	$\begin{array}{r}1\\+\ 7\end{array}$	$\begin{array}{r}5\\+\ 4\end{array}$
$\begin{array}{r}1\\+\ 9\end{array}$	$\begin{array}{r}6\\+\ 3\end{array}$	$\begin{array}{r}4\\+\ 5\end{array}$	$\begin{array}{r}5\\+\ 2\end{array}$	$\begin{array}{r}7\\+\ 0\end{array}$	$\begin{array}{r}1\\+\ 6\end{array}$	$\begin{array}{r}5\\+\ 3\end{array}$	$\begin{array}{r}2\\+\ 6\end{array}$

What Number?

Find the missing number.

A. 1 + [ ] = 4   2 + [ ] = 2   4 + [ ] = 5

B. 1 + [ ] = 2   0 + [ ] = 3   1 + [ ] = 3

C. 3 + [ ] = 3   1 + [ ] = 5   0 + [ ] = 1

D. 2 + [ ] = 3   0 + [ ] = 4   3 + [ ] = 5

E. 0 + [ ] = 0   3 + [ ] = 4   1 + [ ] = 1

F. 0 + [ ] = 2   2 + [ ] = 4   4 + [ ] = 4

G. 5 + [ ] = 5   1 + [ ] = 5   2 + [ ] = 5

H. 1 + [ ] = 6   4 + [ ] = 7   2 + [ ] = 6

I. 3 + [ ] = 6   0 + [ ] = 5   5 + [ ] = 6

J. 4 + [ ] = 6   4 + [ ] = 8   5 + [ ] = 7

Seesaw Math

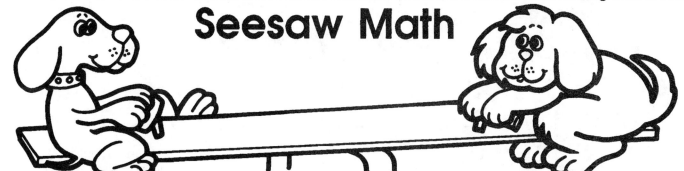

A. $6 - 3 = $ ___ $7 - 1 = $ ___ $8 - 0 = $ ___

B. $7 - 2 = $ ___ $8 - 8 = $ ___ $8 - 4 = $ ___

C. $6 - 6 = $ ___ $7 - 4 = $ ___ $6 - 1 = $ ___

D. $8 - 2 = $ ___ $6 - 0 = $ ___ $7 - 6 = $ ___

E. $7 - 3 = $ ___ $8 - 7 = $ ___ $6 - 4 = $ ___

F. $8 - 3 = $ ___ $7 - 0 = $ ___ $6 - 5 = $ ___

G. $8 - 1 = $ ___ $7 - 7 = $ ___ $8 - 6 = $ ___

H. $6 - 2 = $ ___ $8 - 5 = $ ___ $7 - 5 = $ ___

I. $7 - 4 = $ ___ $6 - 1 = $ ___ $8 - 8 = $ ___

J. $6 - 3 = $ ___ $8 - 4 = $ ___ $7 - 2 = $ ___

Go Fly a Kite

A.
$$6 - 1$$ $$7 - 4$$ $$6 - 6$$ $$8 - 1$$ $$7 - 7$$ $$8 - 6$$

B.
$$7 - 1$$ $$8 - 0$$ $$6 - 3$$ $$8 - 4$$ $$7 - 2$$ $$8 - 8$$

C.
$$6 - 0$$ $$8 - 2$$ $$7 - 6$$ $$6 - 2$$ $$7 - 5$$ $$8 - 5$$

D.
$$8 - 7$$ $$6 - 4$$ $$7 - 3$$ $$7 - 0$$ $$6 - 5$$ $$8 - 3$$

E.
$$6 - 6$$ $$7 - 1$$ $$8 - 0$$

F.
$$7 - 6$$ $$8 - 2$$ $$6 - 4$$

Smooth Sailing

A. $9 - 2 =$ ___ $8 - 4 =$ ___ $10 - 5 =$ ___

B. $9 - 4 =$ ___ $6 - 5 =$ ___ $8 - 0 =$ ___

C. $9 - 1 =$ ___ $9 - 3 =$ ___ $7 - 7 =$ ___

D. $10 - 8 =$ ___ $9 - 9 =$ ___ $8 - 2 =$ ___

E. $10 - 1 =$ ___ $8 - 7 =$ ___ $9 - 5 =$ ___

F. $7 - 3 =$ ___ $10 - 4 =$ ___ $7 - 6 =$ ___

G. $9 - 0 =$ ___ $10 - 6 =$ ___ $6 - 4 =$ ___

H. $9 - 7 =$ ___ $10 - 3 =$ ___ $7 - 1 =$ ___

I. $9 - 8 =$ ___ $6 - 6 =$ ___ $10 - 2 =$ ___

J. $10 - 9 =$ ___ $10 - 7 =$ ___ $9 - 6 =$ ___

Busy Bees

A.
$$9 - 5$$ $$8 - 3$$ $$10 - 1$$

B.
$$9 - 0$$ $$10 - 6$$ $$6 - 2$$

C.
$$7 - 2$$ $$9 - 3$$ $$9 - 1$$ $$10 - 4$$ $$8 - 6$$ $$7 - 4$$

D.
$$10 - 5$$ $$9 - 2$$ $$8 - 5$$ $$10 - 2$$ $$9 - 8$$ $$6 - 0$$

E.
$$7 - 6$$ $$6 - 3$$ $$9 - 4$$ $$9 - 9$$ $$8 - 1$$ $$10 - 8$$

F.
$$9 - 7$$ $$10 - 7$$ $$10 - 3$$ $$9 - 6$$ $$10 - 9$$ $$7 - 5$$

Color the boxes.

1 — **blue**
2 — **red**
3 — **brown**

4 - 1
6 - 5
6 - 3
5 - 2
4 - 3
3 - 1
2 - 0
5 - 4
3 - 2
4 - 1
3 - 0
5 - 2
6 - 4

6 − 4	2 − 0	5 − 3	6 − 5	4 − 1	1 − 0	5 − 2	2 − 1
3 − 1	6 − 5	4 − 2	3 − 2	3 − 0	4 − 3	6 − 3	3 − 2
5 − 3	1 − 0	6 − 4	5 − 4	6 − 3	5 − 2	4 − 1	5 − 4
4 − 2	3 − 2	3 − 1	2 − 1	4 − 1	3 − 2	3 − 0	1 − 0
2 − 0	5 − 3	4 − 2	4 − 3	5 − 2	5 − 4	6 − 3	6 − 5

Name _____

0 — brown
1 — blue
2 — orange
3 — red

Make a hit!

3 − 2
5 − 5
4 − 1
1 − 1
6 − 3
5 − 4
2 − 1
3 − 3
2 − 2
6 − 4

Color
the boxes.

5 − 3	6 − 5	6 − 3	3 − 0	5 − 2	5 − 5	2 − 2	6 − 6
2 − 0	2 − 1	5 − 4	6 − 3	1 − 0	3 − 3	6 − 5	1 − 1
6 − 4	6 − 5	3 − 2	4 − 1	5 − 4	4 − 4	3 − 2	3 − 3
4 − 2	4 − 3	2 − 1	6 − 3	1 − 0	2 − 2	4 − 3	6 − 6
3 − 1	5 − 3	6 − 3	5 − 2	4 − 1	3 − 3	1 − 1	4 − 4

Fill it up!

4 – 2

5 – 1

6 – 3

6 – 2

5 – 3

2 — orange
3 — red
4 — brown

6 – 4

3 – 1

Color the boxes.

6 – 3	4 – 1	7 – 4	4 – 0	7 – 5	3 – 1	5 – 3	4 – 0
3 – 0	6 – 2	5 – 2	5 – 1	4 – 2	5 – 1	6 – 2	7 – 3
7 – 4	7 – 3	6 – 3	6 – 2	2 – 0	6 – 4	7 – 5	5 – 1
5 – 2	4 – 0	4 – 1	4 – 0	5 – 3	4 – 0	5 – 1	6 – 2
6 – 3	3 – 0	5 – 2	7 – 3	7 – 5	6 – 2	4 – 0	7 – 3

1 — blue
2 — orange
3 — black
4 — yellow

7 - 3

5 - 4

7 - 4

6 - 4

3 - 2

6 - 2

Color
the boxes.

5 - 3

7 - 6

7 − 3	6 − 2	4 − 0	7 − 4	3 − 0	4 − 1	4 − 2	7 − 5
5 − 4	7 − 3	1 − 0	4 − 1	7 − 6	1 − 0	6 − 4	3 − 2
1 − 0	5 − 1	3 − 2	6 − 3	2 − 1	3 − 2	5 − 3	3 − 1
3 − 2	4 − 0	5 − 4	5 − 2	5 − 4	6 − 5	7 − 5	2 − 1
5 − 1	7 − 3	4 − 0	4 − 1	3 − 0	6 − 3	2 − 0	4 − 2

3 — brown
4 — red
5 — yellow

Look into these!

5 – 2
7 – 4
6 – 3
7 – 2
4 – 1
8 – 5
6 – 2
3 – 0

Color the boxes.

5 − 2	8 − 4	4 − 0	8 − 4	4 − 1	5 − 0	6 − 1	7 − 4
7 − 4	6 − 2	4 − 1	7 − 3	7 − 4	8 − 3	8 − 5	3 − 0
3 − 0	4 − 0	7 − 3	5 − 1	3 − 0	7 − 2	5 − 0	5 − 2
8 − 5	5 − 1	7 − 4	8 − 4	6 − 3	8 − 3	6 − 3	4 − 1
4 − 1	7 − 3	6 − 2	4 − 0	5 − 2	6 − 1	7 − 2	7 − 4

FS-32001 Beginning Math

6 − 2
5 − 1
5 − 0
A hit!
8 − 2
8 − 4
8 − 3
7 − 2
6 − 1

4 — red
5 — brown
6 — yellow

Color the boxes.

4 − 0	9 − 4	8 − 3	5 − 0	9 − 5	6 − 0	8 − 2	9 − 3
5 − 1	6 − 1	9 − 5	7 − 2	6 − 2	7 − 1	7 − 3	5 − 1
8 − 4	8 − 3	6 − 1	9 − 4	5 − 1	9 − 3	6 − 0	8 − 2
7 − 3	7 − 2	4 − 0	5 − 0	7 − 3	8 − 4	4 − 0	7 − 1
6 − 2	5 − 0	5 − 1	8 − 3	6 − 2	7 − 1	8 − 2	9 − 3

Color the boxes.
3 — blue
4 — orange
5 — yellow
6 — brown

6 − 2	4 − 1	8 − 3	6 − 1	9 − 4	7 − 1	9 − 3	6 − 0
8 − 4	6 − 3	3 − 0	7 − 2	4 − 1	5 − 2	8 − 2	8 − 5
9 − 5	8 − 5	4 − 1	8 − 3	6 − 3	9 − 6	9 − 3	4 − 1
5 − 1	5 − 2	7 − 4	9 − 4	3 − 0	5 − 2	6 − 0	6 − 3
7 − 3	4 − 0	8 − 3	7 − 2	6 − 1	8 − 5	7 − 1	7 − 4

5 — orange
6 — red
7 — yellow

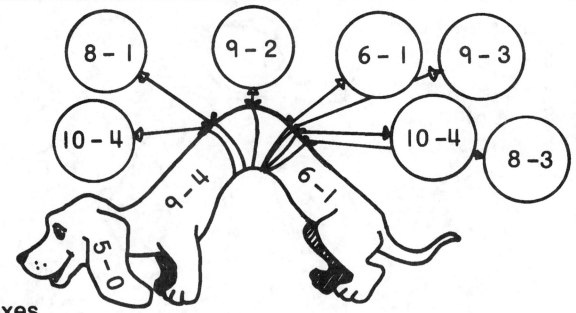

Color the boxes.

7 - 0	9 - 4	8 - 1	5 - 0	10 - 3	6 - 0	10 - 4	9 - 3
9 - 2	7 - 2	7 - 0	8 - 3	7 - 0	8 - 1	7 - 1	8 - 1
10 - 3	5 - 0	6 - 1	10 - 5	9 - 2	10 - 3	9 - 3	7 - 0
8 - 1	8 - 3	10 - 3	7 - 2	10 - 3	9 - 2	10 - 4	10 - 3
7 - 0	6 - 1	9 - 2	9 - 4	8 - 1	7 - 1	8 - 2	6 - 0

Color the boxes.

5 — brown
6 — red
7 — yellow
8 — orange

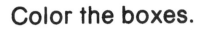

7 - 1	10 - 4	8 - 2	8 - 0	9 - 1	10 - 2	7 - 0	10 - 5
9 - 3	8 - 3	6 - 0	8 - 3	10 - 2	8 - 3	9 - 2	6 - 1
8 - 2	5 - 0	7 - 1	6 - 1	8 - 0	7 - 2	8 - 1	8 - 3
10 - 4	7 - 2	8 - 2	9 - 4	10 - 2	9 - 4	10 - 3	7 - 2
7 - 1	9 - 3	6 - 0	10 - 2	9 - 1	8 - 0	9 - 2	7 - 0

How Much Is Left?

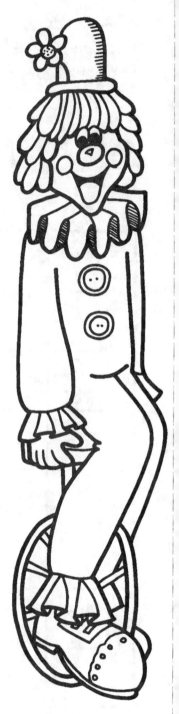

A. $8¢ - 5¢ = $ ___ $¢$ $3¢ - 1¢ = $ ___ $¢$

B. $7¢ - 1¢ = $ ___ $¢$ $5¢ - 4¢ = $ ___ $¢$

C. $6¢ - 4¢ = $ ___ $¢$ $8¢ - 4¢ = $ ___ $¢$

D. $4¢ - 3¢ = $ ___ $¢$ $2¢ - 1¢ = $ ___ $¢$

E. $9¢ - 5¢ = $ ___ $¢$ $10¢ - 8¢ = $ ___ $¢$

F. $4¢ - 1¢ = $ ___ $¢$ $6¢ - 3¢ = $ ___ $¢$

G. $8¢ - 3¢ = $ ___ $¢$ $5¢ - 1¢ = $ ___ $¢$

H. $7¢ - 5¢ = $ ___ $¢$ $10¢ - 3¢ = $ ___ $¢$

I. $5¢ - 3¢ = $ ___ $¢$ $4¢ - 2¢ = $ ___ $¢$

J. $9¢ - 7¢ = $ ___ $¢$ $10¢ - 5¢ = $ ___ $¢$

K. $8¢ - 2¢ = $ ___ $¢$ $7¢ - 6¢ = $ ___ $¢$

L. $9¢ - 1¢ = $ ___ $¢$ $3¢ - 2¢ = $ ___ $¢$

M. $5¢ - 2¢ = $ ___ $¢$ $7¢ - 3¢ = $ ___ $¢$

N. $9¢ - 4¢ = $ ___ $¢$ $6¢ - 2¢ = $ ___ $¢$

O. $7¢ - 4¢ = $ ___ $¢$ $10¢ - 7¢ = $ ___ $¢$

What's Missing?

A. $5 - \boxed{} = 3$ $4 - \boxed{} = 3$ $3 - \boxed{} = 2$

B. $2 - \boxed{} = 2$ $2 - \boxed{} = 1$ $4 - \boxed{} = 2$

C. $1 - \boxed{} = 0$ $5 - \boxed{} = 2$ $3 - \boxed{} = 0$

D. $4 - \boxed{} = 4$ $2 - \boxed{} = 2$ $3 - \boxed{} = 1$

E. $0 - \boxed{} = 0$ $5 - \boxed{} = 4$ $1 - \boxed{} = 1$

F. $5 - \boxed{} = 5$ $3 - \boxed{} = 2$ $6 - \boxed{} = 5$

G. $7 - \boxed{} = 7$ $6 - \boxed{} = 3$ $5 - \boxed{} = 0$

H. $4 - \boxed{} = 0$ $6 - \boxed{} = 4$ $4 - \boxed{} = 1$

I. $7 - \boxed{} = 4$ $7 - \boxed{} = 5$ $6 - \boxed{} = 1$

J. $5 - \boxed{} = 1$ $6 - \boxed{} = 6$ $7 - \boxed{} = 6$

Number Please

A.

$$\square \quad -2 \atop \overline{1}$$ $$\square \quad -1 \atop \overline{3}$$ $$\square \quad -0 \atop \overline{5}$$

B.

$$\square \quad -1 \atop \overline{1}$$ $$\square \quad -3 \atop \overline{3}$$ $$\square \quad -2 \atop \overline{2}$$

C.

$$\square \quad -4 \atop \overline{1}$$ $$\square \quad -5 \atop \overline{0}$$ $$\square \quad -2 \atop \overline{2}$$ $$\square \quad -0 \atop \overline{4}$$ $$\square \quad -3 \atop \overline{0}$$ $$\square \quad -1 \atop \overline{4}$$

D.

$$\square \quad -4 \atop \overline{0}$$ $$\square \quad -0 \atop \overline{3}$$ $$\square \quad -3 \atop \overline{2}$$ $$\square \quad -4 \atop \overline{2}$$ $$\square \quad -5 \atop \overline{2}$$ $$\square \quad -7 \atop \overline{0}$$

E.

$$\square \quad -4 \atop \overline{4}$$ $$\square \quad -6 \atop \overline{0}$$ $$\square \quad -4 \atop \overline{3}$$ $$\square \quad -6 \atop \overline{1}$$ $$\square \quad -1 \atop \overline{7}$$ $$\square \quad -2 \atop \overline{4}$$

F.

$$\square \quad -2 \atop \overline{5}$$ $$\square \quad -1 \atop \overline{5}$$ $$\square \quad -5 \atop \overline{3}$$ $$\square \quad -3 \atop \overline{4}$$ $$\square \quad -2 \atop \overline{6}$$ $$\square \quad -3 \atop \overline{3}$$

Skill: Sums and differences

3 red	4 yellow
5 blue	6 green

$5 - 2$

$3 + 3 =$

$4 + 1 =$

$2 + 2$

$6 - 3 =$

$2 + 4$

$3 + 2$

$2 + 4 =$

$0 + 4 =$

$4 - 1 =$

$6 - 1 =$

$1 + 3 =$

45

FS-32001 Beginning Math

Solve: ..plus..

A.

6	5	6	5	6
$-\ 1$	$+\ 1$	$-\ 2$	$-\ 1$	$-\ 6$

B.

5	3	4	2	6	3
$+\ 0$	$+\ 2$	$+\ 2$	$+\ 3$	$-\ 3$	$+\ 3$

C.

2	1	6	2	6	2
$+\ 4$	$+\ 1$	$-\ 4$	$+\ 2$	$-\ 5$	$+\ 2$

D.

6	2	4	6	3	6
$-\ 5$	$+\ 3$	$+\ 2$	$-\ 4$	$+\ 3$	$-\ 2$

E.

1	6	5	3	6	2
$+\ 3$	$-\ 3$	$-\ 3$	$+\ 2$	$-\ 1$	$+\ 4$

4 = **red** 5 = **blue** 6 = **brown**

$0 + 6 =$

$1 + 4 =$

$1 + 5 =$

$3 + 3 =$

$3 + 2 =$

$0 + 5 =$

$$\begin{array}{r} 5 \\ -\ 1 \\ \hline \end{array}$$

$$\begin{array}{r} 6 \\ -\ 2 \\ \hline \end{array}$$

$$\begin{array}{r} 5 \\ +\ 1 \\ \hline \end{array}$$

$3 + 1 =$

$$\begin{array}{r} 4 \\ +\ 2 \\ \hline \end{array}$$

$5 - 0 =$

$1 + 4 =$

$3 + 2 =$

$5 + 0 =$

$$\begin{array}{r} 2 \\ +\ 4 \\ \hline \end{array}$$

$$\begin{array}{r} 6 \\ +\ 0 \\ \hline \end{array}$$

$7 - 2 =$

$$\begin{array}{r} 4 \\ +\ 1 \\ \hline \end{array}$$

$6 - 1 =$

Fill in the missing numbers.

$$\begin{array}{cc} 2 & 4 \\ +4 & +2 \\ \hline \end{array}$$

$$\begin{array}{cc} 6 & 6 \\ -4 & -2 \\ \hline \end{array}$$

$$\begin{array}{cc} 0 & 6 \\ +6 & +0 \\ \hline \end{array}$$

$$\begin{array}{cc} 6 & 6 \\ -0 & -6 \\ \hline \end{array}$$

$$\begin{array}{cc} 1 & 5 \\ +5 & +1 \\ \hline \end{array}$$

$$\begin{array}{cc} 6 & 6 \\ -1 & -5 \\ \hline \end{array}$$

$$\begin{array}{cc} 3 & 6 \\ +3 & -3 \\ \hline \end{array}$$

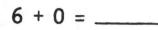

$6 + 0 =$ _____

$6 - 0 =$ _____

$0 + 6 =$ _____

$6 - 6 =$ _____

$2 + 4 =$ _____

$6 - 2 =$ _____

$4 + 2 =$ _____

$6 - 4 =$ _____

$5 + 1 =$ _____

$6 - 1 =$ _____

$1 + 5 =$ _____

$6 - 5 =$ _____

$3 + 3 =$ _____

$6 - 3 =$ _____

Fill in the missing numbers.

FLOUR

SALT

$0 + 6 =$ _____ $6 - 3 =$ _____ $4 + 2 =$ _____

$6 - 5 =$ _____ $5 + 1 =$ _____ $6 + 0 =$ _____

$2 + 4 =$ _____ $6 - 4 =$ _____ $6 - 3 =$ _____

$3 + 3 =$ _____ $6 - 6 =$ _____ $1 + 5 =$ _____

$6 - 6 =$ _____ $2 + 4 =$ _____ $6 - 4 =$ _____

$4 + 2 =$ _____ $6 - 2 =$ _____ $6 - 1 =$ _____

$5 + 1 =$ _____ $6 - 0 =$ _____ $3 + 3 =$ _____

$6 - 2 =$ _____ $1 + 5 =$ _____ $6 - 0 =$ _____

Fill in the missing numbers.

2 + 3 = _____

3 + 2 = _____

5 - 2 = _____

5 - 3 = _____

1 + 4 = _____

4 + 1 = _____

5 - 4 = _____

5 - 1 = _____

2 + 4 = _____

4 + 2 = _____

6 - 2 = _____

6 - 4 = _____

3 + 3 = _____

6 - 3 = _____

5	6	2	6	3	5	3	6	1	5
+ 0	− 5	+ 4	− 6	+ 2	− 1	+ 3	− 2	+ 5	− 4

Name _____

Fill in the missing numbers.

$4 + 3 =$ _____ $7 - 4 =$ _____

$3 + 4 =$ _____ $7 - 3 =$ _____

$$\begin{array}{cccc} 4 & 3 & 7 & 7 \\ +3 & +4 & -3 & -4 \\ \hline \end{array}$$

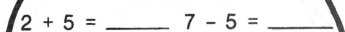

$2 + 5 =$ _____ $7 - 5 =$ _____

$5 + 2 =$ _____ $7 - 2 =$ _____

$$\begin{array}{cccc} 5 & 7 & 7 & 2 \\ +2 & -5 & -2 & +5 \\ \hline \end{array}$$

$1 + 6 =$ _____ $7 - 6 =$ _____

$6 + 1 =$ _____ $7 - 1 =$ _____

$$\begin{array}{cccc} 7 & 7 & 1 & 6 \\ -6 & -1 & +6 & +1 \\ \hline \end{array}$$

$7 + 0 =$ _____ $7 - 0 =$ _____

$0 + 7 =$ _____ $7 - 7 =$ _____

$$\begin{array}{cccc} 0 & 7 & 7 & 7 \\ +7 & -0 & +0 & -7 \\ \hline \end{array}$$

$$\begin{array}{cccccccc} 2 & 7 & 4 & 7 & 1 & 7 & 0 & 7 & 3 & 7 \\ +5 & -2 & +3 & -3 & +6 & -6 & +7 & -0 & +4 & -4 \\ \hline \end{array}$$

Fill in the missing numbers.

$$\begin{array}{r} 7 \\ -1 \\ \hline \end{array} \qquad \begin{array}{r} 3 \\ +4 \\ \hline \end{array} \qquad\qquad\qquad \begin{array}{r} 0 \\ +7 \\ \hline \end{array} \quad \begin{array}{r} 7 \\ -6 \\ \hline \end{array} \quad \begin{array}{r} 6 \\ +1 \\ \hline \end{array} \quad \begin{array}{r} 7 \\ -0 \\ \hline \end{array}$$

$$\begin{array}{r} 7 \\ -2 \\ \hline \end{array} \qquad \begin{array}{r} 7 \\ +0 \\ \hline \end{array}$$

$$\begin{array}{r} 4 \\ +3 \\ \hline \end{array} \quad \begin{array}{r} 7 \\ -7 \\ \hline \end{array} \quad \begin{array}{r} 5 \\ +2 \\ \hline \end{array} \quad \begin{array}{r} 7 \\ -4 \\ \hline \end{array} \quad \begin{array}{r} 7 \\ +0 \\ \hline \end{array} \quad \begin{array}{r} 7 \\ -3 \\ \hline \end{array} \quad \begin{array}{r} 2 \\ +5 \\ \hline \end{array}$$

$$\begin{array}{r} 1 \\ +6 \\ \hline \end{array} \quad \begin{array}{r} 3 \\ +4 \\ \hline \end{array} \quad \begin{array}{r} 7 \\ -5 \\ \hline \end{array} \quad \begin{array}{r} 7 \\ -6 \\ \hline \end{array}$$

$$\begin{array}{r} 7 \\ -2 \\ \hline \end{array} \quad \begin{array}{r} 4 \\ +3 \\ \hline \end{array} \quad \begin{array}{r} 7 \\ -6 \\ \hline \end{array} \quad \begin{array}{r} 7 \\ -5 \\ \hline \end{array}$$

$1 + 6 = $ _____ $7 - 2 = $ _____

$7 - 0 = $ _____ $3 + 4 = $ _____

$2 + 5 = $ _____ $6 + 1 = $ _____

$4 + 3 = $ _____ $7 - 7 = $ _____

$7 - 1 = $ _____

$7 - 6 = $ _____ $7 - 4 = $ _____ $5 + 2 = $ _____ $0 + 7 = $ _____

Fill in the missing numbers.

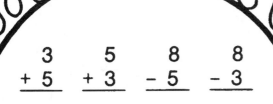

$$\begin{array}{c} 3 \\ + 5 \\ \hline \end{array} \quad \begin{array}{c} 5 \\ + 3 \\ \hline \end{array} \quad \begin{array}{c} 8 \\ - 5 \\ \hline \end{array} \quad \begin{array}{c} 8 \\ - 3 \\ \hline \end{array}$$

$$\begin{array}{c} 2 \\ + 6 \\ \hline \end{array} \quad \begin{array}{c} 6 \\ + 2 \\ \hline \end{array} \quad \begin{array}{c} 8 \\ - 6 \\ \hline \end{array} \quad \begin{array}{c} 8 \\ - 2 \\ \hline \end{array}$$

$$\begin{array}{c} 1 \\ + 7 \\ \hline \end{array} \quad \begin{array}{c} 7 \\ + 1 \\ \hline \end{array} \quad \begin{array}{c} 8 \\ - 1 \\ \hline \end{array} \quad \begin{array}{c} 8 \\ - 7 \\ \hline \end{array}$$

$$\begin{array}{c} 4 \\ + 4 \\ \hline \end{array} \quad \begin{array}{c} 8 \\ - 4 \\ \hline \end{array}$$

$2 + 6 =$ _____

$8 - 6 =$ _____

$6 + 2 =$ _____

$8 - 2 =$ _____

$1 + 7 =$ _____

$8 - 7 =$ _____

$7 + 1 =$ _____

$8 - 1 =$ _____

$3 + 5 =$ _____

$8 - 5 =$ _____

$5 + 3 =$ _____

$8 - 3 =$ _____

$0 + 8 =$ _____

$8 - 8 =$ _____

$8 + 0 =$ _____

$8 - 0 =$ _____

$4 + 4 =$ _____

$8 - 4 =$ _____

Fill in the missing numbers.

$$\begin{array}{cc} 8 & 1 \\ -2 & +7 \\ \hline \end{array}$$

$$\begin{array}{cc} 0 & 8 \\ +8 & -3 \\ \hline \end{array}$$

$$\begin{array}{cc} 8 & 2 \\ -7 & +6 \\ \hline \end{array}$$

$$\begin{array}{cc} 7 & 8 \\ +1 & -4 \\ \hline \end{array}$$

$$\begin{array}{cc} 8 & 6 \\ -5 & +2 \\ \hline \end{array}$$

$$\begin{array}{cc} 3 & 8 \\ +5 & -1 \\ \hline \end{array}$$

$8 + 0 = $ _____

$8 - 3 = $ _____

$5 + 3 = $ _____

$8 - 2 = $ _____

$8 - 8 = $ _____

$4 + 4 = $ _____

$8 - 6 = $ _____

$7 + 1 = $ _____

$8 - 0 = $ _____

$2 + 6 = $ _____

$8 - 4 = $ _____

$3 + 5 = $ _____

Fill in the missing numbers.

Robot 1:
$$\begin{array}{c}2\\+\ 5\\\hline\end{array}\qquad\begin{array}{c}5\\+\ 2\\\hline\end{array}$$
$$\begin{array}{c}7\\-\ 5\\\hline\end{array}\qquad\begin{array}{c}7\\-\ 2\\\hline\end{array}$$

Robot 2:
$$\begin{array}{c}3\\+\ 5\\\hline\end{array}\qquad\begin{array}{c}5\\+\ 3\\\hline\end{array}$$
$$\begin{array}{c}8\\-\ 5\\\hline\end{array}\qquad\begin{array}{c}8\\-\ 3\\\hline\end{array}$$

Robot 3:
$$\begin{array}{c}0\\+\ 8\\\hline\end{array}\qquad\begin{array}{c}8\\+\ 0\\\hline\end{array}$$
$$\begin{array}{c}8\\-\ 0\\\hline\end{array}\qquad\begin{array}{c}8\\-\ 8\\\hline\end{array}$$

Robot 4:
$$\begin{array}{c}1\\+\ 6\\\hline\end{array}\qquad\begin{array}{c}6\\+\ 1\\\hline\end{array}$$
$$\begin{array}{c}7\\-\ 1\\\hline\end{array}\qquad\begin{array}{c}7\\-\ 6\\\hline\end{array}$$

$6 + 2 =$ _____

$8 - 1 =$ _____

$4 + 3 =$ _____

$7 - 7 =$ _____

$0 + 7 =$ _____

$8 - 6 =$ _____

$7 + 1 =$ _____

$7 - 3 =$ _____

$8 - 4 =$ _____

$2 + 6 =$ _____

$7 - 0 =$ _____

$3 + 4 =$ _____

$8 - 7 =$ _____

$7 + 0 =$ _____

$8 - 2 =$ _____

$4 + 4 =$ _____

$7 - 4 =$ _____

$1 + 7 =$ _____

Name ________________________________ Skill: Families of 5,6,7,8

Fill in the missing numbers.

The first two have been done for you.

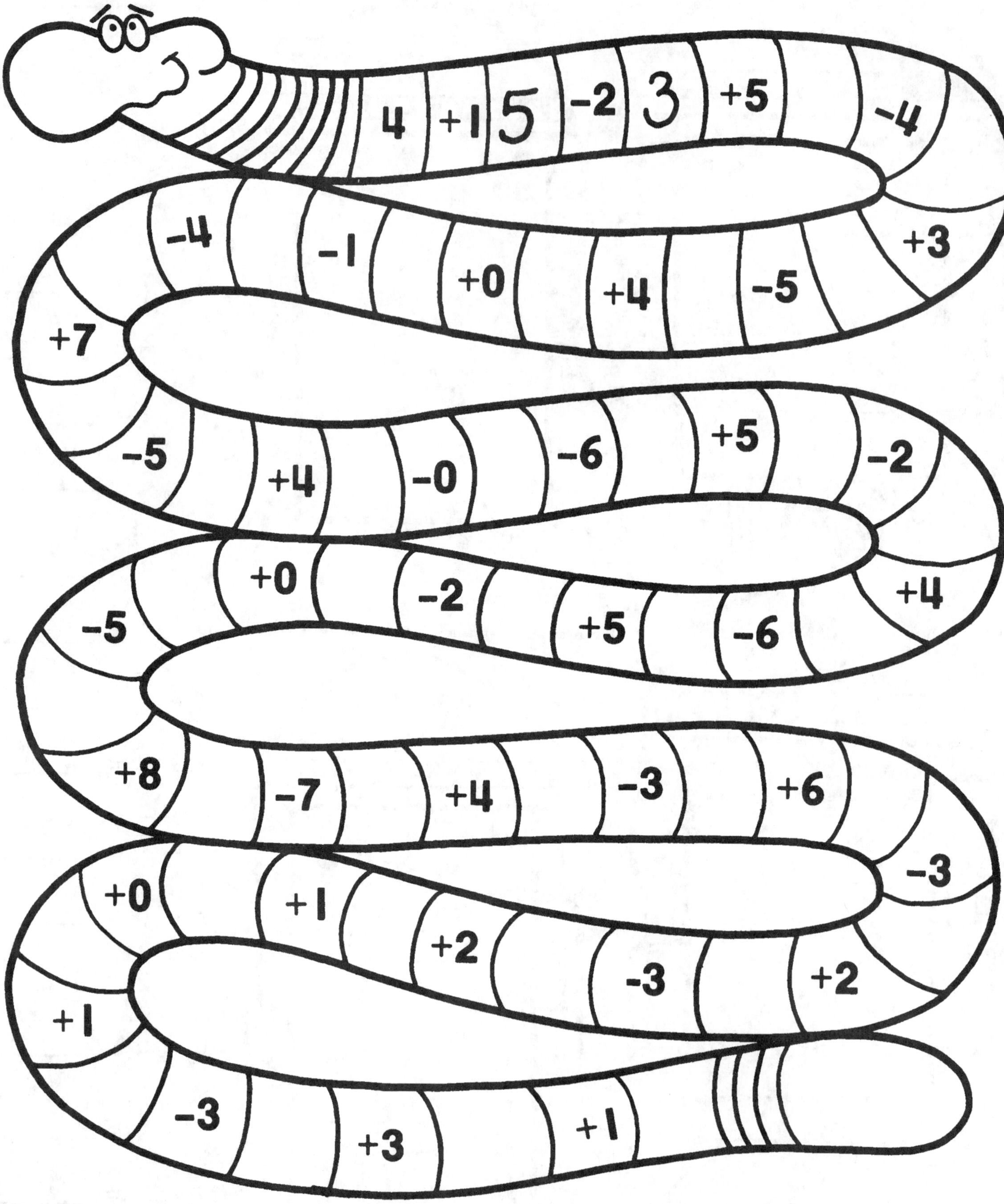
4
+1
5
-2
3
+5
-4
+3
-5
+4
+0
-1
-4
+7
-5
+4
-0
-6
+5
-2
+4
-6
+5
-2
+0
-5
+8
-7
+4
-3
+6
-3
+2
-3
+2
+1
+0
+1
-3
+3
+1

Fill in the missing numbers.

4 + 5 = _____

5 + 4 = _____

9 − 5 = _____

9 − 4 = _____

2 + 7 = _____

7 + 2 = _____

9 − 7 = _____

9 − 2 = _____

3 + 6 = _____

6 + 3 = _____

9 − 6 = _____

9 − 3 = _____

8 + 1 = _____

1 + 8 = _____

9 − 1 = _____

9 − 8 = _____

2	9	5	9	3	9	1	9	0	9
+ 7	− 7	+ 4	− 5	+ 6	− 3	+ 8	− 1	+ 9	− 9

Fill in the missing numbers.

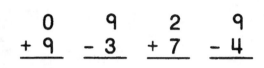

$$
\begin{array}{r} 0 \\ + 9 \\ \hline \end{array} \quad
\begin{array}{r} 9 \\ - 3 \\ \hline \end{array} \quad
\begin{array}{r} 2 \\ + 7 \\ \hline \end{array} \quad
\begin{array}{r} 9 \\ - 4 \\ \hline \end{array}
$$

$$
\begin{array}{r} 9 \\ - 9 \\ \hline \end{array} \quad
\begin{array}{r} 1 \\ + 8 \\ \hline \end{array} \quad
\begin{array}{r} 9 \\ - 0 \\ \hline \end{array} \quad
\begin{array}{r} 3 \\ + 6 \\ \hline \end{array}
$$

$$
\begin{array}{r} 9 \\ - 0 \\ \hline \end{array} \quad
\begin{array}{r} 9 \\ - 5 \\ \hline \end{array} \quad
\begin{array}{r} 9 \\ - 8 \\ \hline \end{array} \quad
\begin{array}{r} 7 \\ + 2 \\ \hline \end{array}
$$

$$
\begin{array}{r} 5 \\ + 4 \\ \hline \end{array} \quad
\begin{array}{r} 9 \\ - 7 \\ \hline \end{array} \quad
\begin{array}{r} 6 \\ + 3 \\ \hline \end{array} \quad
\begin{array}{r} 9 \\ - 9 \\ \hline \end{array}
$$

$$
\begin{array}{r} 9 \\ - 6 \\ \hline \end{array} \quad
\begin{array}{r} 9 \\ + 0 \\ \hline \end{array} \quad
\begin{array}{r} 9 \\ - 1 \\ \hline \end{array} \quad
\begin{array}{r} 7 \\ + 2 \\ \hline \end{array}
$$

$$
\begin{array}{r} 3 \\ + 6 \\ \hline \end{array} \quad
\begin{array}{r} 8 \\ + 1 \\ \hline \end{array} \quad
\begin{array}{r} 9 \\ - 2 \\ \hline \end{array} \quad
\begin{array}{r} 4 \\ + 5 \\ \hline \end{array}
$$

Fill in the missing numbers.

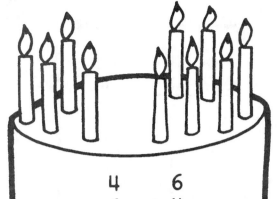

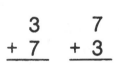

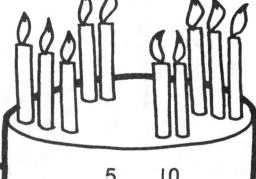

Cake 1:

$$\begin{array}{cc} 4 & 6 \\ +\,6 & +\,4 \\ \hline \end{array}$$

$$\begin{array}{cc} 10 & 10 \\ -\,6 & -\,4 \\ \hline \end{array}$$

Cake 2:

$$\begin{array}{cc} 8 & 2 \\ +\,2 & +\,8 \\ \hline \end{array}$$

$$\begin{array}{cc} 10 & 10 \\ -\,8 & -\,2 \\ \hline \end{array}$$

Cake 3:

$$\begin{array}{cc} 3 & 7 \\ +\,7 & +\,3 \\ \hline \end{array}$$

$$\begin{array}{cc} 10 & 10 \\ -\,3 & -\,7 \\ \hline \end{array}$$

Cake 4:

$$\begin{array}{cc} 5 & 10 \\ +\,5 & -\,5 \\ \hline \end{array}$$

$1 + 9 =$ _____

$9 + 1 =$ _____

$10 - 9 =$ _____

$10 - 1 =$ _____

$4 + 6 =$ _____

$10 - 6 =$ _____

$6 + 4 =$ _____

$10 - 4 =$ _____

$0 + 10 =$ _____

$10 + 0 =$ _____

$10 - 0 =$ _____

$10 - 10 =$ _____

$2 + 8 =$ _____

$10 - 8 =$ _____

$8 + 2 =$ _____

$10 - 2 =$ _____

$5 + 5 =$ _____

$10 - 5 =$ _____

Name _____

Fill in the missing numbers.

$$\begin{array}{ccc} 2 & 0 & 10 \\ +8 & +10 & -1 \\ \hline \end{array}$$

$$\begin{array}{ccc} 3 & 5 & 10 \\ +7 & +5 & -4 \\ \hline \end{array}$$

$$\begin{array}{ccc} 1 & 10 & 10 \\ +9 & -8 & -7 \\ \hline \end{array}$$

$$\begin{array}{ccc} 10 & 4 & 10 \\ -10 & +6 & -5 \\ \hline \end{array}$$

$10 - 6 = $ _____

$9 + 1 = $ _____

$8 + 2 = $ _____

$10 - 5 = $ _____

$7 + 3 = $ _____

$10 - 0 = $ _____

$10 + 0 = $ _____

$10 - 9 = $ _____

$10 - 2 = $ _____

$6 + 4 = $ _____

$2 + 8 = $ _____

$10 - 3 = $ _____

Fill in the missing numbers.

4 + 5 = _____   3 + 6 = _____

9 − 5 = _____   9 − 6 = _____

5 + 4 = _____   6 + 3 = _____

9 − 4 = _____   9 − 3 = _____

2 + 8 = _____   4 + 6 = _____

10 − 8 = _____   10 − 6 = _____

8 + 2 = _____   6 + 4 = _____

10 − 2 = _____   10 − 4 = _____

1	9	3	10	10	10	0	9	5	9
+ 8	− 9	+ 7	− 5	− 9	+ 0	+ 9	− 8	+ 5	− 7

Name _____

$\begin{array}{r} 8 \\ -0 \\ \hline \end{array}$

$\begin{array}{r} 4 \\ +2 \\ \hline \end{array}$

$5 + 1 =$

$9 - 3 =$

$4 + 3 =$

$10 - 2 =$

$\begin{array}{r} 3 \\ +3 \\ \hline \end{array}$

$10 - 4 =$

$\begin{array}{r} 7 \\ -0 \\ \hline \end{array}$

$\begin{array}{r} 6 \\ -0 \\ \hline \end{array}$

$\begin{array}{r} 5 \\ +2 \\ \hline \end{array}$

$\begin{array}{r} 9 \\ -2 \\ \hline \end{array}$

$6 + 2 =$

$10 - 3 =$

$\begin{array}{r} 5 \\ +3 \\ \hline \end{array}$

$\begin{array}{r} 4 \\ +4 \\ \hline \end{array}$

6 = red   7 = orange   8 = green

Matching Fun

Match:

4 + 3 8 10 - 2 7 5 + 4 9	10 - 3 8 10 - 1 7 5 + 3 9	9 - 0 8 9 - 1 7 4 + 3 9
6 + 2 8 4 + 5 7 3 + 4 9	5 + 2 8 5 + 3 7 2 + 7 9	10 - 3 8 6 + 3 7 1 + 7 9
7 + 2 8 9 - 2 7 2 + 6 9	3 + 5 8 3 + 6 9 8 - 1 7	5 + 2 7 4 + 4 8 9 - 0 9
10 - 1 9 8 - 0 8 2 + 5 7	0 + 7 7 5 + 4 8 4 + 4 9	0 + 8 7 4 + 5 9 6 + 1 8

6 = green   7 = brown   8 = yellow

9 = blue   10 = purple

$9 + 1$

$8 - 0$

$10 - 0$

$8 + 1 =$

$7 + 2 =$

$7 + 3$

$8 + 2$

$10 - 2 =$

$4 + 3 =$

$9 - 1 =$

$3 + 3 =$

$5 + 2 =$

$9 - 3 =$

$10 - 3$

$6 + 3 =$

$5 + 4 =$

$9 - 2$

$4 + 4 =$

$5 + 5$

$6 + 2 =$

$6 + 4$

$10 - 4 =$

$8 - 2 =$

$7 + 1$

$9 - 1$

Solve:

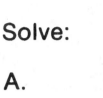  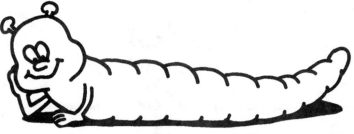

A.

5	9	10	9	4	4	10	8
+ 4	- 1	- 3	- 4	- 4	+ 5	- 2	+ 2

B.

10	9	10	6	4	10	7	9
- 4	- 2	- 5	+ 3	+ 3	- 7	- 1	- 3

C.

10	6	3	2	3	2	7	10
- 8	+ 2	+ 5	+ 8	+ 6	+ 6	+ 2	- 9

D.

10	9	5	9	10	9	9	7
- 10	- 5	+ 2	- 6	- 1	- 7	- 8	+ 3

E.

7	5	7	6	7	10	4	7
- 2	+ 5	- 5	+ 4	- 6	- 6	+ 6	- 3

Match:

4 + 2 4 5 + 5 6 10 - 6 10	2 + 8 4 8 - 4 6 10 - 4 10	9 - 5 4 10 - 0 6 2 + 4 10
3 + 3 6 7 - 3 10 1 + 9 4	6 - 2 6 9 + 1 10 1 + 5 4	8 + 2 6 4 + 2 10 5 - 1 4
2 + 2 10 7 + 3 4 9 - 3 6	8 - 2 10 8 + 2 4 0 + 4 6	9 - 3 10 1 + 3 4 1 + 9 6
10 - 6 10 6 + 4 6 7 - 1 4	4 + 2 10 3 + 1 6 3 + 7 4	9 - 5 10 4 + 6 6 10 - 4 4

Game Time

Solve:

A.

$$10 - 2 \qquad 5 + 4 \qquad 10 - 3 \qquad 10 - 5$$

B.

$$4 + 3 \qquad 10 - 0 \qquad 10 - 9 \qquad 10 - 10 \qquad 7 + 3$$

C.

$$10 - 7 \qquad 2 + 4 \qquad 8 + 2 \qquad 10 - 8 \qquad 10 - 6$$

Color one square red for each answer.
Color the other squares black.

12	6	13	5	15	3	19
7	20	7	18	2	17	10
16	9	12	0	13	10	14
8	11	1	15	10	16	4

Name _____

Solve:

A.

$3 - 2 =$

$6 - 2 =$

$2 + 4 =$

$5 - 3 =$

$3 + 2 =$

$4 + 2 =$

$5 - 4 =$

$3 + 3 =$

$5 + 1 =$

$4 - 2 =$

$2 + 4 =$

$5 - 1 =$

B.

$6 - 1 =$

$4 + 0 =$

$4 + 2 =$

$6 - 2 =$

$3 + 2 =$

$5 + 0 =$

$6 - 3 =$

$5 - 5 =$

$6 - 4 =$

$4 - 3 =$

$4 - 4 =$

$5 - 2 =$

C.

$7 - 6 =$

$3 + 7 =$

$10 - 5 =$

$8 + 2 =$

$9 - 5 =$

$4 + 5 =$

$8 - 5 =$

$1 + 6 =$

$7 - 5 =$

$6 + 3 =$

$9 - 6 =$

$10 - 7 =$

Match:

4 + 2 5	10 - 4 5	9 - 2 5
3 + 2 6	5 - 0 6	3 + 3 6
10 - 3 7	8 - 1 7	2 + 3 7
10 - 5 6	5 + 2 6	1 + 4 6
8 - 2 5	8 - 3 5	7 - 0 5
4 + 3 7	2 + 4 7	9 - 3 7
9 - 4 7	1 + 5 7	8 - 3 7
3 + 4 6	2 + 3 6	2 + 5 6
7 - 1 5	2 + 5 5	6 + 0 5
10 - 4 7	7 + 0 5	10 - 3 5
6 - 1 5	7 - 2 7	4 + 2 7
9 - 2 6	0 + 6 6	6 - 1 6

Find-Out Mystery

Solve:

A.

$$\begin{array}{r} 3 \\ +2 \\ \hline \end{array} \qquad \begin{array}{r} 10 \\ -1 \\ \hline \end{array} \qquad \begin{array}{r} 8 \\ -1 \\ \hline \end{array} \qquad \begin{array}{r} 8 \\ +2 \\ \hline \end{array} \qquad \begin{array}{r} 6 \\ +2 \\ \hline \end{array}$$

B.

$$\begin{array}{r} 6 \\ -2 \\ \hline \end{array} \qquad \begin{array}{r} 6 \\ +0 \\ \hline \end{array} \qquad \begin{array}{r} 6 \\ +1 \\ \hline \end{array} \qquad \begin{array}{r} 7 \\ -4 \\ \hline \end{array} \qquad \begin{array}{r} 7 \\ -5 \\ \hline \end{array} \qquad \begin{array}{r} 0 \\ +1 \\ \hline \end{array}$$

C.

$$\begin{array}{r} 9 \\ -9 \\ \hline \end{array} \qquad \begin{array}{r} 0 \\ +0 \\ \hline \end{array} \qquad \begin{array}{r} 10 \\ -2 \\ \hline \end{array} \qquad \begin{array}{r} 3 \\ +3 \\ \hline \end{array}$$

Color one space for each answer.

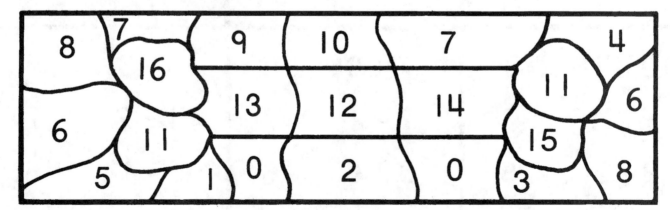

Hmm.

Solve:

A.

$7 + 0 =$

$9 - 2 =$

$5 + 4 =$

$8 - 2 =$

$5 + 5 =$

$7 - 2 =$

$6 + 4 =$

$10 - 2 =$

$6 + 3 =$

$9 - 3 =$

$7 + 3 =$

$8 - 3 =$

B.

$4 + 6 =$

$7 - 3 =$

$2 + 8 =$

$10 - 3 =$

$5 + 3 =$

$3 + 6 =$

$9 - 4 =$

$3 + 7 =$

$4 + 4 =$

$8 - 4 =$

$3 + 5 =$

$6 + 2 =$

C.

$7 - 4 =$

$2 + 6 =$

$10 - 4 =$

$5 + 2 =$

$7 + 2 =$

$9 - 6 =$

$2 + 5 =$

$4 + 3 =$

$8 - 6 =$

$8 + 0 =$

$10 - 6 =$

$7 + 1 =$

Write **plus** or **minus** in each circle to make the number sentence true.

Look for the + or -.

3 ⊕ 4 = 7   3 ◯ 4 = 7

4 ◯ 2 = 6   7 ◯ 5 = 2

3 ◯ 3 = 6   7 ◯ 6 = 1

8 ◯ 1 = 7   7 ◯ 7 = 0

8 ◯ 1 = 9   7 ◯ 3 = 10

7 ◯ 3 = 4   8 ◯ 1 = 9

7 ◯ 2 = 9   8 ◯ 2 = 10

7 ◯ 4 = 3   8 ◯ 4 = 4

8 ◯ 2 = 6   8 ◯ 3 = 5

2 ◯ 4 = 6   8 ◯ 5 = 3

1 ◯ 5 = 6   6 ◯ 4 = 10

7 ◯ 2 = 5   6 ◯ 3 = 9

2 ◯ 5 = 7   6 ◯ 2 = 8

Squeaky Math

Add.

A. $6 + 4 = $ ___	$7 + 4 = $ ___	$1 + 9 = $ ___
B. $4 + 8 = $ ___	$6 + 5 = $ ___	$7 + 2 = $ ___
C. $8 + 2 = $ ___	$9 + 0 = $ ___	$4 + 5 = $ ___
D. $3 + 8 = $ ___	$5 + 7 = $ ___	$8 + 1 = $ ___
E. $9 + 2 = $ ___	$5 + 5 = $ ___	$8 + 4 = $ ___
F. $7 + 3 = $ ___	$3 + 6 = $ ___	$4 + 7 = $ ___
G. $7 + 5 = $ ___	$8 + 3 = $ ___	$9 + 1 = $ ___
H. $3 + 7 = $ ___	$2 + 9 = $ ___	$9 + 3 = $ ___
I. $1 + 8 = $ ___	$4 + 6 = $ ___	$2 + 8 = $ ___
J. $6 + 6 = $ ___	$5 + 6 = $ ___	$3 + 9 = $ ___

Batter Up

Add.

A.	0 + 9	2 + 8	4 + 6	5 + 6	6 + 6	8 + 1
B.	5 + 4	7 + 5	4 + 8	8 + 3	4 + 7	3 + 6
C.	9 + 2	6 + 4	8 + 4	3 + 8	5 +7	5 + 5
D.	3 + 7	9 + 3	2 + 9	8 + 2	4 + 5	6 + 3
E.	7 + 4	9 + 1	2 + 7			
F.	6 + 5	7 + 3	3 + 9			

Fun on the Slide

A. 11 − 2 = ___   12 − 4 = ___   12 − 6 = ___

B. 11 − 4 = ___   11 − 9 = ___   12 − 8 = ___

C. 12 − 9 = ___   12 − 3 = ___   11 − 6 = ___

D. 11 − 3 = ___   12 − 5 = ___   11 − 7 = ___

E. 11 − 5 = ___   12 − 7 = ___   11 − 8 = ___

F. 12 − 3 = ___   11 − 8 = ___   12 − 5 = ___

G. 12 − 7 = ___   11 − 6 = ___   11 − 2 = ___

H. 12 − 4 = ___   12 − 9 = ___   11 − 9 = ___

I. 12 − 6 = ___   11 − 5 = ___   11 − 3 = ___

J. 12 − 8 = ___   11 − 7 = ___   11 − 4 = ___

Try These

A.
$$11 - 4$$ $$11 - 3$$ $$11 - 9$$ $$11 - 2$$ $$12 - 5$$ $$11 - 8$$

B.
$$12 - 6$$ $$12 - 8$$ $$11 - 6$$ $$11 - 7$$ $$12 - 8$$ $$12 - 6$$

C.
$$11 - 2$$ $$11 - 4$$ $$12 - 9$$ $$11 - 3$$ $$11 - 5$$ $$12 - 3$$

D.
$$12 - 7$$ $$12 - 4$$ $$11 - 7$$ $$11 - 9$$ $$12 - 9$$ $$11 - 6$$

E.
$$12 - 4$$ $$11 - 5$$ $$11 - 8$$

F.
$$12 - 7$$ $$12 - 5$$ $$12 - 3$$

On the Track

Add.

A. 4 + 9 = ___   8 + 6 = ___   6 + 9 = ___

B. 3 + 9 = ___   9 + 8 = ___   2 + 9 = ___

C. 8 + 4 = ___   5 + 8 = ___   5 + 7 = ___

D. 6 + 7 = ___   9 + 6 = ___   6 + 6 = ___

E. 9 + 9 = ___   7 + 5 = ___   9 + 5 = ___

F. 7 + 9 = ___   9 + 4 = ___   8 + 7 = ___

G. 6 + 8 = ___   7 + 7 = ___   8 + 5 = ___

H. 7 + 6 = ___   9 + 7 = ___   9 + 3 = ___

I. 8 + 9 = ___   7 + 8 = ___   8 + 8 = ___

J. 5 + 9 = ___   4 + 8 = ___   3 + 8 = ___

Shower Time

Add.

A.   9   8   5   6   8   9
   +2   +4   +7   +9   +6   +8

B.   5   9   6   4   9   4
   +8   +6   +7   +8   +3   +9

C.   9   7   6   9   8   9
   +9   +9   +6   +4   +7   +5

D.   8   8   7   7   5   8
   +3   +8   +5   +8   +9   +9

E.   6   7   9
   +8   +6   +7

F.   7   8   3
   +7   +5   +9

Math Superstars

A. 13 – 9 = ___   15 – 8 = ___   18 – 9 = ___

B. 14 – 7 = ___   15 – 6 = ___   13 – 7 = ___

C. 17 – 9 = ___   16 – 8 = ___   14 – 8 = ___

D. 13 – 6 = ___   14 – 5 = ___   13 – 8 = ___

E. 15 – 9 = ___   13 – 4 = ___   15 – 7 = ___

F. 16 – 7 = ___   14 – 9 = ___   13 – 5 = ___

G. 17 – 8 = ___   14 – 6 = ___   16 – 9 = ___

H. 13 – 8 = ___   15 – 7 = ___   16 – 7 = ___

I. 13 – 4 = ___   14 – 7 = ___   18 – 9 = ___

J. 14 – 9 = ___   14 – 6 = ___   13 – 6 = ___

Math Monsters

A.
$$\begin{array}{r} 14 \\ -\ 6 \\ \hline \end{array} \qquad \begin{array}{r} 16 \\ -\ 9 \\ \hline \end{array} \qquad \begin{array}{r} 13 \\ -\ 5 \\ \hline \end{array}$$

B.
$$\begin{array}{r} 14 \\ -\ 9 \\ \hline \end{array} \qquad \begin{array}{r} 16 \\ -\ 7 \\ \hline \end{array} \qquad \begin{array}{r} 17 \\ -\ 8 \\ \hline \end{array}$$

C.
$$\begin{array}{r} 13 \\ -\ 7 \\ \hline \end{array} \quad \begin{array}{r} 15 \\ -\ 6 \\ \hline \end{array} \quad \begin{array}{r} 13 \\ -\ 9 \\ \hline \end{array} \quad \begin{array}{r} 18 \\ -\ 9 \\ \hline \end{array} \quad \begin{array}{r} 14 \\ -\ 7 \\ \hline \end{array} \quad \begin{array}{r} 15 \\ -\ 8 \\ \hline \end{array}$$

D.
$$\begin{array}{r} 16 \\ -\ 8 \\ \hline \end{array} \quad \begin{array}{r} 13 \\ -\ 6 \\ \hline \end{array} \quad \begin{array}{r} 14 \\ -\ 8 \\ \hline \end{array} \quad \begin{array}{r} 15 \\ -\ 9 \\ \hline \end{array} \quad \begin{array}{r} 15 \\ -\ 7 \\ \hline \end{array} \quad \begin{array}{r} 13 \\ -\ 4 \\ \hline \end{array}$$

E.
$$\begin{array}{r} 17 \\ -\ 9 \\ \hline \end{array} \quad \begin{array}{r} 14 \\ -\ 5 \\ \hline \end{array} \quad \begin{array}{r} 13 \\ -\ 8 \\ \hline \end{array} \quad \begin{array}{r} 17 \\ -\ 8 \\ \hline \end{array} \quad \begin{array}{r} 15 \\ -\ 6 \\ \hline \end{array} \quad \begin{array}{r} 14 \\ -\ 8 \\ \hline \end{array}$$

F.
$$\begin{array}{r} 13 \\ -\ 9 \\ \hline \end{array} \quad \begin{array}{r} 17 \\ -\ 9 \\ \hline \end{array} \quad \begin{array}{r} 16 \\ -\ 8 \\ \hline \end{array} \quad \begin{array}{r} 13 \\ -\ 5 \\ \hline \end{array} \quad \begin{array}{r} 16 \\ -\ 9 \\ \hline \end{array} \quad \begin{array}{r} 15 \\ -\ 8 \\ \hline \end{array}$$

Slow and Steady

Add.

A.
$$24 + 3$$ $$12 + 6$$ $$93 + 5$$ $$31 + 3$$ $$40 + 2$$

B.
$$56 + 3$$ $$74 + 2$$ $$25 + 2$$ $$88 + 1$$ $$92 + 6$$

C.
$$43 + 2$$ $$15 + 4$$ $$67 + 2$$ $$22 + 4$$ $$51 + 6$$

D.
$$80 + 5$$ $$94 + 5$$ $$27 + 1$$ $$14 + 3$$ $$22 + 6$$

E.
$$33 + 3$$ $$11 + 8$$ $$62 + 2$$ $$34 + 5$$ $$45 + 2$$

An Apple for You

Add.

A.
```
  30      20      60
+ 10    + 40    + 10
-----   -----   -----
```

B.
```
  20      30      50
+ 20    + 40    + 10
-----   -----   -----
```

C.
```
  50      10      10      20      70      20
+ 20    + 40    + 10    + 30    + 10    + 50
-----   -----   -----   -----   -----   -----
```

D.
```
  20      10      60      30      50      40
+ 10    + 80    + 20    + 30    + 30    + 40
-----   -----   -----   -----   -----   -----
```

E.
```
  40      70      50      20      30      90
+ 50    + 20    + 50    + 90    + 70    + 10
-----   -----   -----   -----   -----   -----
```

F.
```
  80      20      80      40      60      70
+ 40    + 80    + 30    + 60    + 50    + 40
-----   -----   -----   -----   -----   -----
```

Gliding Along

Add.

A.
$$24 + 21$$ $$36 + 43$$ $$13 + 45$$ $$42 + 16$$ $$65 + 10$$

B.
$$50 + 18$$ $$37 + 22$$ $$74 + 11$$ $$85 + 14$$ $$15 + 42$$

C.
$$26 + 71$$ $$63 + 25$$ $$32 + 32$$ $$54 + 20$$ $$89 + 10$$

D.
$$16 + 42$$ $$40 + 36$$ $$27 + 12$$ $$73 + 13$$ $$52 + 33$$

E.
$$54 + 22$$ $$61 + 28$$ $$10 + 87$$ $$32 + 35$$ $$44 + 44$$

How Much Money?

Add.

A. $\begin{array}{r} 26¢ \\ + 3¢ \\ \hline ¢ \end{array}$	$\begin{array}{r} 35¢ \\ + 4¢ \\ \hline ¢ \end{array}$	$\begin{array}{r} 42¢ \\ + 3¢ \\ \hline ¢ \end{array}$	$\begin{array}{r} 16¢ \\ + 1¢ \\ \hline ¢ \end{array}$	$\begin{array}{r} 30¢ \\ +10¢ \\ \hline ¢ \end{array}$
B. $\begin{array}{r} 13¢ \\ +15¢ \\ \hline ¢ \end{array}$	$\begin{array}{r} 40¢ \\ +13¢ \\ \hline ¢ \end{array}$	$\begin{array}{r} 50¢ \\ +20¢ \\ \hline ¢ \end{array}$	$\begin{array}{r} 22¢ \\ +60¢ \\ \hline ¢ \end{array}$	$\begin{array}{r} 46¢ \\ +11¢ \\ \hline ¢ \end{array}$
C. $\begin{array}{r} 20¢ \\ +40¢ \\ \hline ¢ \end{array}$	$\begin{array}{r} 37¢ \\ +31¢ \\ \hline ¢ \end{array}$	$\begin{array}{r} 41¢ \\ +28¢ \\ \hline ¢ \end{array}$	$\begin{array}{r} 24¢ \\ +61¢ \\ \hline ¢ \end{array}$	$\begin{array}{r} 81¢ \\ +15¢ \\ \hline ¢ \end{array}$
D. $\begin{array}{r} 54¢ \\ + 2¢ \\ \hline ¢ \end{array}$	$\begin{array}{r} 16¢ \\ +21¢ \\ \hline ¢ \end{array}$	$\begin{array}{r} 70¢ \\ +10¢ \\ \hline ¢ \end{array}$	$\begin{array}{r} 47¢ \\ +31¢ \\ \hline ¢ \end{array}$	$\begin{array}{r} 82¢ \\ +16¢ \\ \hline ¢ \end{array}$
E. $\begin{array}{r} 14¢ \\ +52¢ \\ \hline ¢ \end{array}$	$\begin{array}{r} 92¢ \\ + 7¢ \\ \hline ¢ \end{array}$	$\begin{array}{r} 26¢ \\ +32¢ \\ \hline ¢ \end{array}$	$\begin{array}{r} 10¢ \\ +51¢ \\ \hline ¢ \end{array}$	$\begin{array}{r} 33¢ \\ +33¢ \\ \hline ¢ \end{array}$

Up, Up, and Away

A.
$$36 - 2$$ $$87 - 4$$ $$16 - 1$$ $$45 - 3$$ $$23 - 2$$

B.
$$59 - 3$$ $$74 - 4$$ $$48 - 5$$ $$66 - 3$$ $$29 - 8$$

C.
$$32 - 1$$ $$85 - 2$$ $$97 - 5$$ $$14 - 3$$ $$56 - 4$$

D.
$$61 - 1$$ $$73 - 2$$ $$47 - 3$$ $$26 - 5$$ $$44 - 2$$

E.
$$35 - 4$$ $$64 - 3$$ $$12 - 1$$ $$89 - 8$$ $$62 - 2$$

Dragon Math

A.
60	20	40	50	70
− 30	− 10	− 20	− 30	− 40

B.
30	90	10	40	50
− 20	− 70	− 10	− 30	− 40

C.
60	80	50	40	70
− 50	− 40	− 10	− 40	− 20

D.
90	30	70	80	60
− 30	− 10	− 60	− 30	− 20

E.
50	90	60	70	80
− 20	− 80	− 40	− 50	− 60

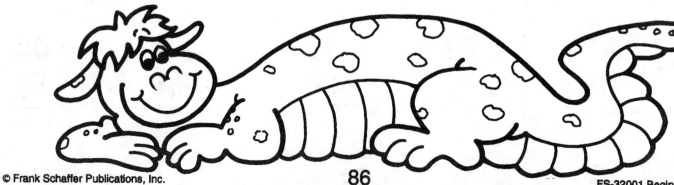

Mighty Math

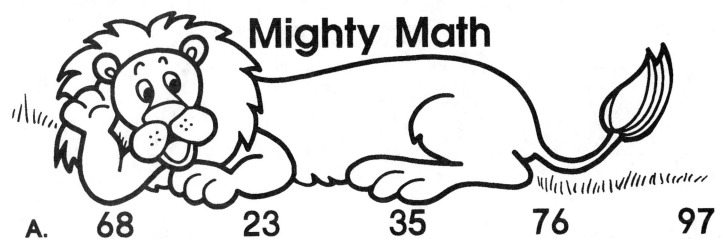

A.	68 − 23	23 − 11	35 − 22	76 − 43	97 − 35
B.	46 − 32	58 − 25	92 − 82	84 − 61	63 − 42
C.	36 − 15	42 − 21	57 − 24	78 − 44	29 − 14
D.	85 − 64	38 − 22	96 − 44	67 − 32	43 − 12
E.	54 − 42	28 − 17	75 − 24	88 − 41	66 − 51

Practice

A.
$$37 - 20$$
$$94 - 62$$
$$53 - 31$$
$$86 - 52$$
$$69 - 47$$

B.
$$48 - 27$$
$$26 - 25$$
$$99 - 83$$
$$73 - 52$$
$$87 - 74$$

C.
$$65 - 34$$
$$39 - 28$$
$$77 - 63$$
$$98 - 46$$
$$83 - 60$$

D.
$$56 - 33$$
$$24 - 13$$
$$95 - 72$$
$$64 - 43$$
$$79 - 45$$

E.
$$34 - 12$$
$$93 - 71$$
$$49 - 18$$
$$55 - 31$$
$$74 - 51$$

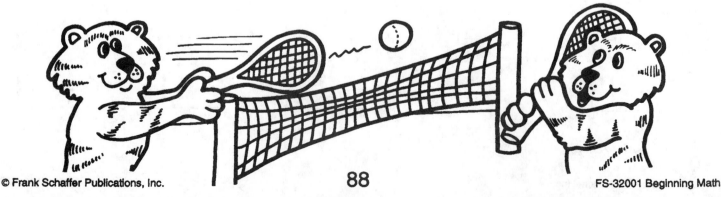

Be Wise

A.	47¢ − 15¢ ___¢	94¢ − 81¢ ___¢	39¢ − 17¢ ___¢	43¢ − 21¢ ___¢	65¢ − 52¢ ___¢
B.	73¢ − 22¢ ___¢	49¢ − 26¢ ___¢	35¢ − 13¢ ___¢	68¢ − 25¢ ___¢	96¢ − 74¢ ___¢
C.	65¢ − 34¢ ___¢	42¢ − 31¢ ___¢	59¢ − 27¢ ___¢	46¢ − 34¢ ___¢	97¢ − 54¢ ___¢
D.	84¢ − 72¢ ___¢	62¢ − 52¢ ___¢	99¢ − 38¢ ___¢	37¢ − 25¢ ___¢	78¢ − 47¢ ___¢
E.	45¢ − 34¢ ___¢	93¢ − 82¢ ___¢	77¢ − 36¢ ___¢	89¢ − 64¢ ___¢	38¢ − 26¢ ___¢

FS-32001 Beginning Math

 # Caps for Sale

Add.

A.	3¢ + 4¢ —— ¢	2¢ + 2¢ —— ¢	5¢ + 3¢ —— ¢	2¢ + 4¢ —— ¢	6¢ + 1¢ —— ¢
B.	5¢ + 5¢ —— ¢	7¢ + 3¢ —— ¢	8¢ + 1¢ —— ¢	2¢ + 7¢ —— ¢	3¢ + 6¢ —— ¢
C.	8¢ + 4¢ —— ¢	5¢ + 6¢ —— ¢	9¢ + 2¢ —— ¢	6¢ + 6¢ —— ¢	3¢ + 8¢ —— ¢
D.	6¢ 3¢ + 2¢ —— ¢	1¢ 4¢ + 6¢ —— ¢	5¢ 3¢ + 2¢ —— ¢	2¢ 4¢ + 4¢ —— ¢	3¢ 3¢ + 6¢ —— ¢
E.	4¢ 1¢ + 5¢ —— ¢	7¢ 0¢ + 4¢ —— ¢	4¢ 2¢ + 6¢ —— ¢	1¢ 7¢ + 4¢ —— ¢	2¢ 5¢ + 4¢ —— ¢

Triple Treat

Add.

A.
$$\begin{array}{r} 2 \\ 0 \\ +3 \\ \hline \end{array} \qquad \begin{array}{r} 4 \\ 1 \\ +2 \\ \hline \end{array} \qquad \begin{array}{r} 1 \\ 2 \\ +1 \\ \hline \end{array} \qquad \begin{array}{r} 3 \\ 4 \\ +1 \\ \hline \end{array} \qquad \begin{array}{r} 5 \\ 1 \\ +0 \\ \hline \end{array}$$

B.
$$\begin{array}{r} 1 \\ 1 \\ +2 \\ \hline \end{array} \qquad \begin{array}{r} 0 \\ 4 \\ +2 \\ \hline \end{array} \qquad \begin{array}{r} 6 \\ 1 \\ +2 \\ \hline \end{array} \qquad \begin{array}{r} 2 \\ 2 \\ +2 \\ \hline \end{array} \qquad \begin{array}{r} 1 \\ 3 \\ +2 \\ \hline \end{array}$$

C.
$$\begin{array}{r} 3 \\ 5 \\ +0 \\ \hline \end{array} \qquad \begin{array}{r} 2 \\ 3 \\ +3 \\ \hline \end{array} \qquad \begin{array}{r} 0 \\ 1 \\ +4 \\ \hline \end{array} \qquad \begin{array}{r} 3 \\ 3 \\ +1 \\ \hline \end{array} \qquad \begin{array}{r} 2 \\ 1 \\ +2 \\ \hline \end{array}$$

D.
$$\begin{array}{r} 4 \\ 2 \\ +2 \\ \hline \end{array} \qquad \begin{array}{r} 6 \\ 3 \\ +1 \\ \hline \end{array} \qquad \begin{array}{r} 2 \\ 7 \\ +1 \\ \hline \end{array} \qquad \begin{array}{r} 8 \\ 0 \\ +1 \\ \hline \end{array} \qquad \begin{array}{r} 5 \\ 2 \\ +3 \\ \hline \end{array}$$

E.
$$\begin{array}{r} 1 \\ 5 \\ +2 \\ \hline \end{array} \qquad \begin{array}{r} 3 \\ 2 \\ +2 \\ \hline \end{array} \qquad \begin{array}{r} 1 \\ 1 \\ +1 \\ \hline \end{array} \qquad \begin{array}{r} 2 \\ 3 \\ +4 \\ \hline \end{array} \qquad \begin{array}{r} 7 \\ 0 \\ +1 \\ \hline \end{array}$$

Three Little Kittens

Add.

A.
21	16	22	45	14
13	30	51	20	12
+ 42	+ 23	+ 13	+ 13	+ 11

B.
29	43	35	16	83
10	24	31	21	5
+ 40	+ 12	+ 32	+ 32	+ 11

C.
42	36	14	20	17
12	40	22	30	20
+ 21	+ 12	+ 31	+ 34	+ 51

D.
25	43	15
41	14	51
+ 32	+ 40	+ 22

E.
33	40	32
22	21	41
+ 23	+ 33	+ 16

How many pets does each child have now? Show the problems.

A. Jim had 5 bugs, but 2 got away.

$$\begin{array}{r} 5 \\ -\ 2 \\ \hline 3 \end{array}$$

B. Kim had 1 mouse, and it had 5 little baby mice!

_____

C. Tom had a bunny. The bunny got away.

_____

D. Sam had 2 dogs. He got 4 pups!

_____

E. Pam had 5 mice. She gave 3 to Ann.

squeek rustle

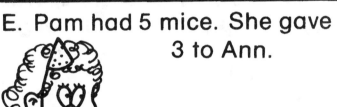

_____

F. Peg had 3 dogs. Then she got 4 pups!

DOG FOOD

_____

G. Rex had no pets. Then Mom got 2 cats for him!

_____

H. Meg had 2 cats. Then she got 1 bunny.

_____

How many are there now? Show the problems.

A. Four fat frogs sat on a log. A bird ate one.

$$\begin{array}{r} 4 \\ -\ 1 \\ \hline 3 \end{array}$$

B. Six dogs played in the grass. Two went home to eat.

_____

C. Five dogs played tag. Four dogs went home.

_____

D. Pam had two chicks. Then she got six more.

_____

E. Sam had one cat. Then he got one more cat.

_____

F. Pam had one dog. Then she got four more.

_____

G. Six moths sat on a leaf. Two went away.

_____

H. Six rabbits sat in a cage. One got away.

_____

How many are there now? Show the problems.

A. Kay had 3 hairs. Then she got 4 more.

$$\begin{array}{r} 3 \\ +\ 4 \\ \hline 7 \end{array}$$

B. Abe had 2 teeth. Then he got 4 more.

_____

C. Ann ate 2 plums. Then she ate 6 more.

_____

D. Pam had 10 jacks. Then she lost 8.

_____

E. Ed had 4 toys. Then he got 5 more.

_____

F. Jack had 8 teeth. Then he lost 2.

_____

G. Kim had 5 books. Mom got her 2 more.

_____

H. Joy had 7 blocks. Then she got 2 more.

_____

How many kids on each team? Show the problems.

A. The Jets have 4 boys and 5 girls.

$$\begin{array}{r} 4 \\ +5 \\ \hline \end{array}$$

B. The Pong team had 6 kids. Then 2 kids quit.

_____

C. The Sharks have 3 girls and 6 boys.

_____

D. The Aces have 4 boys and 4 girls.

_____

E. Team Four had 10 kids. Then 2 kids moved away.

_____

F. The Spooks had 8 kids. Then 3 kids fell asleep.

_____

G. The Jolly Joggers have 4 boys and 6 girls.

_____

H. Team Six had 9 kids. Then 3 kids ran away.

_____

Color the sums for:

5 red   **6** yellow   **7** blue   **8** orange   **9** green   **10** brown

Addition Facts Test

36 score

A.
$$2 + 1$$
$$3 + 3$$
$$1 + 1$$
$$2 + 7$$
$$4 + 3$$
$$3 + 1$$

B.
$$4 + 6$$
$$2 + 4$$
$$6 + 1$$
$$2 + 2$$
$$4 + 1$$
$$0 + 1$$

C.
$$5 + 3$$
$$3 + 2$$
$$0 + 0$$
$$3 + 0$$
$$7 + 1$$
$$4 + 4$$

D.
$$8 + 2$$
$$4 + 5$$
$$5 + 1$$
$$7 + 3$$
$$3 + 6$$
$$2 + 5$$

E.
$$6 + 2$$
$$4 + 0$$
$$9 + 1$$
$$5 + 0$$
$$5 + 5$$
$$0 + 6$$

F.
$$2 + 0$$
$$6 + 4$$
$$8 + 1$$
$$5 + 4$$
$$3 + 5$$
$$3 + 4$$

Subtraction Facts Test

$\boxed{\dfrac{}{36} \text{ score}}$

A.
$$\begin{array}{r} 7 \\ -2 \\ \hline \end{array} \qquad \begin{array}{r} 6 \\ -5 \\ \hline \end{array} \qquad \begin{array}{r} 4 \\ -3 \\ \hline \end{array} \qquad \begin{array}{r} 2 \\ -2 \\ \hline \end{array} \qquad \begin{array}{r} 8 \\ -5 \\ \hline \end{array} \qquad \begin{array}{r} 9 \\ -7 \\ \hline \end{array}$$

B.
$$\begin{array}{r} 5 \\ -3 \\ \hline \end{array} \qquad \begin{array}{r} 1 \\ -0 \\ \hline \end{array} \qquad \begin{array}{r} 3 \\ -2 \\ \hline \end{array} \qquad \begin{array}{r} 10 \\ -5 \\ \hline \end{array} \qquad \begin{array}{r} 6 \\ -4 \\ \hline \end{array} \qquad \begin{array}{r} 8 \\ -3 \\ \hline \end{array}$$

C.
$$\begin{array}{r} 7 \\ -4 \\ \hline \end{array} \qquad \begin{array}{r} 9 \\ -3 \\ \hline \end{array} \qquad \begin{array}{r} 10 \\ -2 \\ \hline \end{array} \qquad \begin{array}{r} 5 \\ -1 \\ \hline \end{array} \qquad \begin{array}{r} 4 \\ -2 \\ \hline \end{array} \qquad \begin{array}{r} 8 \\ -4 \\ \hline \end{array}$$

D.
$$\begin{array}{r} 2 \\ -1 \\ \hline \end{array} \qquad \begin{array}{r} 6 \\ -1 \\ \hline \end{array} \qquad \begin{array}{r} 8 \\ -7 \\ \hline \end{array} \qquad \begin{array}{r} 4 \\ -4 \\ \hline \end{array} \qquad \begin{array}{r} 5 \\ -2 \\ \hline \end{array} \qquad \begin{array}{r} 9 \\ -6 \\ \hline \end{array}$$

E.
$$\begin{array}{r} 10 \\ -9 \\ \hline \end{array} \qquad \begin{array}{r} 6 \\ -2 \\ \hline \end{array} \qquad \begin{array}{r} 8 \\ -6 \\ \hline \end{array} \qquad \begin{array}{r} 7 \\ -6 \\ \hline \end{array} \qquad \begin{array}{r} 9 \\ -4 \\ \hline \end{array} \qquad \begin{array}{r} 3 \\ -3 \\ \hline \end{array}$$

F.
$$\begin{array}{r} 7 \\ -3 \\ \hline \end{array} \qquad \begin{array}{r} 10 \\ -4 \\ \hline \end{array} \qquad \begin{array}{r} 9 \\ -1 \\ \hline \end{array} \qquad \begin{array}{r} 7 \\ -5 \\ \hline \end{array} \qquad \begin{array}{r} 9 \\ -8 \\ \hline \end{array} \qquad \begin{array}{r} 10 \\ -7 \\ \hline \end{array}$$

Name _____

Fill in the missing numbers.

1 + 4 = _____   3 + 5 = _____

4 + 1 = _____   8 – 5 = _____

5 – 4 = _____   5 + 3 = _____

5 – 1 = _____   8 – 3 = _____

2 + 8 = _____   0 + 6 = _____

10 – 8 = _____   6 + 0 = _____

10 – 2 = _____   6 – 0 = _____

8 + 2 = _____   6 – 6 = _____

4 + 5 = _____   7 – 3 = _____

9 – 5 = _____   7 – 4 = _____

9 – 4 = _____   4 + 3 = _____

5 + 4 = _____   3 + 4 = _____

Fill in the missing numbers.

```
  1      9      8      9
+ 8    - 1    + 1    - 8
```

```
  5      5      0      5
+ 0    - 0    + 5    - 5
```

```
  7     10      3     10
+ 3    - 7    + 7    - 3
```

```
  4      6      2      6
+ 2    - 4    + 4    - 2
```

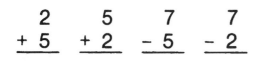

```
  2      5      7      7
+ 5    + 2    - 5    - 2
```

```
  5     10      4      8
+ 5    - 5    + 4    - 4
```

```
  2      8      8      6
+ 6    - 6    - 2    + 2
```

```
  7      9      2      9
+ 2    - 2    + 7    - 7
```

Addition Facts Test

36
score

A.
$$9 + 3$$ $$4 + 7$$ $$8 + 6$$ $$6 + 9$$ $$7 + 7$$ $$9 + 7$$

B.
$$3 + 8$$ $$6 + 6$$ $$4 + 9$$ $$6 + 8$$ $$9 + 5$$ $$7 + 8$$

C.
$$6 + 5$$ $$4 + 8$$ $$6 + 7$$ $$8 + 9$$ $$5 + 7$$ $$8 + 8$$

D.
$$9 + 2$$ $$5 + 8$$ $$9 + 9$$ $$8 + 3$$ $$3 + 9$$ $$5 + 6$$

E.
$$8 + 4$$ $$7 + 6$$ $$8 + 7$$ $$9 + 8$$ $$2 + 9$$ $$7 + 9$$

F.
$$9 + 4$$ $$5 + 9$$ $$8 + 5$$ $$7 + 4$$ $$9 + 6$$ $$7 + 5$$

Subtraction Facts Test

$$\frac{36}{\text{score}}$$

A.
$$\begin{array}{r} 12 \\ -\ 6 \\ \hline \end{array} \quad \begin{array}{r} 11 \\ -\ 4 \\ \hline \end{array} \quad \begin{array}{r} 14 \\ -\ 7 \\ \hline \end{array} \quad \begin{array}{r} 16 \\ -\ 7 \\ \hline \end{array} \quad \begin{array}{r} 13 \\ -\ 9 \\ \hline \end{array} \quad \begin{array}{r} 17 \\ -\ 8 \\ \hline \end{array}$$

B.
$$\begin{array}{r} 11 \\ -\ 8 \\ \hline \end{array} \quad \begin{array}{r} 15 \\ -\ 7 \\ \hline \end{array} \quad \begin{array}{r} 18 \\ -\ 9 \\ \hline \end{array} \quad \begin{array}{r} 12 \\ -\ 3 \\ \hline \end{array} \quad \begin{array}{r} 14 \\ -\ 8 \\ \hline \end{array} \quad \begin{array}{r} 13 \\ -\ 6 \\ \hline \end{array}$$

C.
$$\begin{array}{r} 11 \\ -\ 3 \\ \hline \end{array} \quad \begin{array}{r} 16 \\ -\ 8 \\ \hline \end{array} \quad \begin{array}{r} 12 \\ -\ 9 \\ \hline \end{array} \quad \begin{array}{r} 13 \\ -\ 4 \\ \hline \end{array} \quad \begin{array}{r} 15 \\ -\ 6 \\ \hline \end{array} \quad \begin{array}{r} 14 \\ -\ 5 \\ \hline \end{array}$$

D.
$$\begin{array}{r} 12 \\ -\ 8 \\ \hline \end{array} \quad \begin{array}{r} 11 \\ -\ 2 \\ \hline \end{array} \quad \begin{array}{r} 12 \\ -\ 7 \\ \hline \end{array} \quad \begin{array}{r} 17 \\ -\ 9 \\ \hline \end{array} \quad \begin{array}{r} 14 \\ -\ 6 \\ \hline \end{array} \quad \begin{array}{r} 12 \\ -\ 5 \\ \hline \end{array}$$

E.
$$\begin{array}{r} 11 \\ -\ 7 \\ \hline \end{array} \quad \begin{array}{r} 14 \\ -\ 9 \\ \hline \end{array} \quad \begin{array}{r} 12 \\ -\ 4 \\ \hline \end{array} \quad \begin{array}{r} 15 \\ -\ 9 \\ \hline \end{array} \quad \begin{array}{r} 11 \\ -\ 5 \\ \hline \end{array} \quad \begin{array}{r} 11 \\ -\ 9 \\ \hline \end{array}$$

F.
$$\begin{array}{r} 13 \\ -\ 8 \\ \hline \end{array} \quad \begin{array}{r} 16 \\ -\ 9 \\ \hline \end{array} \quad \begin{array}{r} 15 \\ -\ 8 \\ \hline \end{array} \quad \begin{array}{r} 11 \\ -\ 6 \\ \hline \end{array} \quad \begin{array}{r} 13 \\ -\ 5 \\ \hline \end{array} \quad \begin{array}{r} 13 \\ -\ 7 \\ \hline \end{array}$$

I know my
Family of Facts!
(up to 10)

Just ask me how to do these!

2 + 3 = _____	7 + 1 = _____	4 + 6 = _____
3 + 2 = _____	1 + 7 = _____	6 + 4 = _____
5 – 2 = _____	8 – 1 = _____	10 – 6 = _____
5 – 3 = _____	8 – 7 = _____	10 – 4 = _____

_____
Student's Name

_____
Teacher

Answer Key

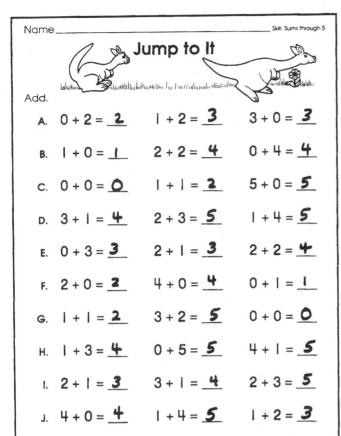

Page 1

Jump to It

Add.

A. $0 + 2 = 2$ $1 + 2 = 3$ $3 + 0 = 3$

B. $1 + 0 = 1$ $2 + 2 = 4$ $0 + 4 = 4$

C. $0 + 0 = 0$ $1 + 1 = 2$ $5 + 0 = 5$

D. $3 + 1 = 4$ $2 + 3 = 5$ $1 + 4 = 5$

E. $0 + 3 = 3$ $2 + 1 = 3$ $2 + 2 = 4$

F. $2 + 0 = 2$ $4 + 0 = 4$ $0 + 1 = 1$

G. $1 + 1 = 2$ $3 + 2 = 5$ $0 + 0 = 0$

H. $1 + 3 = 4$ $0 + 5 = 5$ $4 + 1 = 5$

I. $2 + 1 = 3$ $3 + 1 = 4$ $2 + 3 = 5$

J. $4 + 0 = 4$ $1 + 4 = 5$ $1 + 2 = 3$

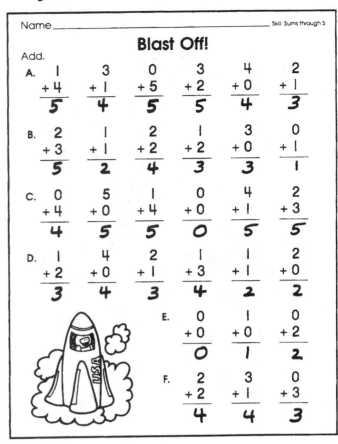

Page 2

Blast Off!

Add.

A. $1+4=5$ $3+1=4$ $0+5=5$ $3+2=5$ $4+0=4$ $2+1=3$

B. $2+3=5$ $1+1=2$ $2+2=4$ $1+2=3$ $3+0=3$ $0+1=1$

C. $0+4=4$ $5+0=5$ $1+4=5$ $0+0=0$ $4+1=5$ $2+3=5$

D. $1+2=3$ $4+0=4$ $2+1=3$ $1+3=4$ $1+1=2$ $2+0=2$

E. $0+0=0$ $1+0=1$ $0+2=2$

F. $2+2=4$ $3+1=4$ $0+3=3$

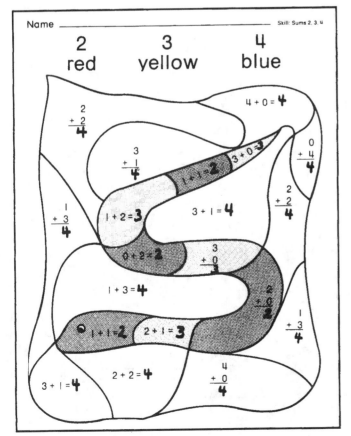

Page 3

2 red   3 yellow   4 blue

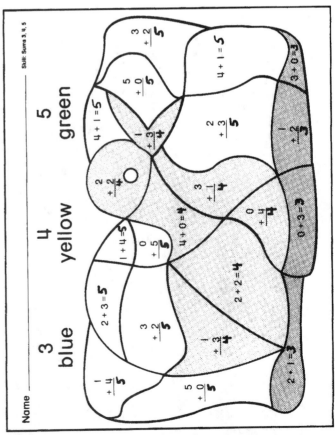

Page 4

5 green   4 yellow   3 blue

Answer Key

3 — red
4 — orange
5 — green

Try these!

Color the boxes. Use the color key.

0 +3 = 3	2 +1 = 3	3 +0 = 3	5 +0 = 5	1 +3 = 4	2 +2 = 4	0 +4 = 4	1 +4 = 5
4 +1 = 5	1 +2 = 3	3 +2 = 5	5 +0 = 5	4 +0 = 4	2 +3 = 5	4 +0 = 4	5 +0 = 5
3 +2 = 5	3 +0 = 3	4 +1 = 5	5 +0 = 5	3 +1 = 4	4 +1 = 5	2 +2 = 4	2 +3 = 5
5 +0 = 5	2 +1 = 3	3 +2 = 5	1 +4 = 5	2 +2 = 4	3 +1 = 4	1 +3 = 4	5 +0 = 5

Page 5

The Muffin Man

A. $2 - 1 = 1$ $5 - 0 = 5$ $3 - 1 = 2$

B. $4 - 2 = 2$ $1 - 1 = 0$ $5 - 3 = 2$

C. $4 - 0 = 4$ $0 - 0 = 0$ $5 - 1 = 4$

D. $5 - 4 = 1$ $3 - 3 = 0$ $1 - 0 = 1$

E. $5 - 2 = 3$ $5 - 5 = 0$ $3 - 2 = 1$

F. $2 - 2 = 0$ $4 - 1 = 3$ $3 - 0 = 3$

G. $2 - 0 = 2$ $4 - 4 = 0$ $4 - 3 = 1$

H. $5 - 1 = 4$ $4 - 2 = 2$ $3 - 2 = 1$

I. $2 - 2 = 0$ $1 - 0 = 1$ $5 - 4 = 1$

J. $4 - 1 = 3$ $5 - 2 = 3$ $4 - 3 = 1$

Page 6

Balloons

A. 3 −1 = 2	4 −3 = 1	2 −0 = 2			
B. 4 −2 = 2	0 −0 = 0	5 −3 = 2			
C. 2 −1 = 1	5 −4 = 1	4 −0 = 4	1 −1 = 0	3 −2 = 1	1 −0 = 1
D. 5 −2 = 3	2 −2 = 0	5 −1 = 4	4 −4 = 0	3 −0 = 3	5 −0 = 5
E. 3 −3 = 0	4 −1 = 3	5 −5 = 0	2 −1 = 1	3 −3 = 0	5 −5 = 0
F. 4 −0 = 4	3 −1 = 2	2 −0 = 2	1 −1 = 0	5 −0 = 5	4 −4 = 0

Page 7

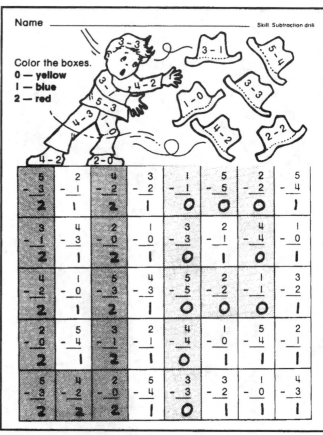

Color the boxes.
0 — yellow
1 — blue
2 — red

5 −3 = 2	2 −1 = 1	4 −2 = 2	3 −2 = 1	1 −1 = 0	5 −5 = 0	2 −2 = 0	5 −4 = 1
3 −1 = 2	4 −3 = 1	2 −0 = 2	1 −0 = 1	3 −3 = 0	2 −1 = 1	4 −4 = 0	1 −0 = 1
4 −2 = 2	1 −0 = 1	5 −3 = 2	4 −3 = 1	5 −5 = 0	2 −2 = 0	1 −1 = 0	3 −2 = 1
2 −0 = 2	5 −4 = 1	3 −1 = 2	2 −1 = 1	4 −4 = 0	1 −0 = 1	5 −4 = 1	2 −1 = 1
5 −3 = 2	4 −2 = 2	2 −0 = 2	5 −4 = 1	3 −3 = 0	3 −2 = 1	1 −0 = 1	4 −3 = 1

Page 8

Answer Key

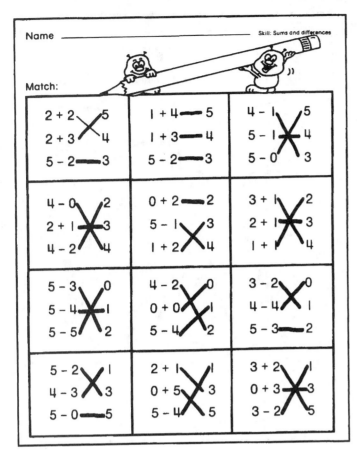

Match:

2 + 2 ⟋ 5	1 + 4 — 5	4 - 1 ⤫ 5
2 + 3 ⟍ 4	1 + 3 — 4	5 - 1 ⤫ 4
5 - 2 — 3	5 - 2 — 3	5 - 0 ⤫ 3
4 - 0 ⤫ 2	0 + 2 — 2	3 + 1 ⤫ 2
2 + 1 ⤫ 3	5 - 1 ⤫ 3	2 + 1 ⤫ 3
4 - 2 ⤫ 4	1 + 2 ⤫ 4	1 + 1 ⤫ 4
5 - 3 ⤫ 0	4 - 2 ⤫ 0	3 - 2 ⤫ 0
5 - 4 ⤫ 1	0 + 0 ⤫ 1	4 - 4 ⤫ 1
5 - 5 ⤫ 2	5 - 4 — 2	5 - 3 — 2
5 - 2 ⤫ 1	2 + 1 ⤫ 1	3 + 2 ⤫ 1
4 - 3 ⤫ 3	0 + 5 ⤫ 3	0 + 3 ⤫ 3
5 - 0 — 5	5 - 4 ⤫ 5	3 - 2 ⤫ 5

Page 9

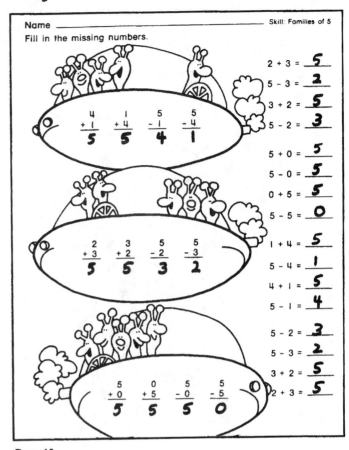

Fill in the missing numbers.

$\frac{4}{+1}\overline{5}$ $\frac{1}{+4}\overline{5}$ $\frac{5}{-1}\overline{4}$ $\frac{5}{-4}\overline{1}$

$\frac{2}{+3}\overline{5}$ $\frac{3}{+2}\overline{5}$ $\frac{5}{-2}\overline{3}$ $\frac{5}{-3}\overline{2}$

$\frac{5}{+0}\overline{5}$ $\frac{0}{+5}\overline{5}$ $\frac{5}{-0}\overline{5}$ $\frac{5}{-5}\overline{0}$

2 + 3 = **5**
5 - 3 = **2**
3 + 2 = **5**
5 - 2 = **3**

5 + 0 = **5**
5 - 0 = **5**
0 + 5 = **5**
5 - 5 = **0**

1 + 4 = **5**
5 - 4 = **1**
4 + 1 = **5**
5 - 1 = **4**

5 - 2 = **3**
5 - 3 = **2**
3 + 2 = **5**
2 + 3 = **5**

Page 10

Fill in the missing numbers.

$\frac{1}{+4}\overline{5}$ $\frac{5}{-2}\overline{3}$ $\frac{5}{+0}\overline{5}$

$\frac{5}{-0}\overline{5}$ $\frac{2}{+3}\overline{5}$ $\frac{5}{-4}\overline{1}$

3 + 2 = **5**
5 - 1 = **4**
1 + 4 = **5**
5 + 0 = **5**
5 - 3 = **2**

0 + 5 = **5**
2 + 3 = **5**
5 - 2 = **3**
5 - 4 = **1**
4 + 1 = **5**

1 + 4 = **5**
5 - 0 = **5**
5 - 3 = **2**
0 + 5 = **5**
2 + 3 = **5**

5 - 2 = **3**
3 + 2 = **5**
4 + 1 = **5**
5 - 5 = **0**
5 - 4 = **1**

$\frac{5}{-3}\overline{2}$ $\frac{4}{+1}\overline{5}$ $\frac{5}{-5}\overline{0}$

$\frac{3}{+2}\overline{5}$ $\frac{5}{-1}\overline{4}$ $\frac{0}{+5}\overline{5}$

Page 11

Fill in a **plus** or **minus** in each circle to make the number sentence correct.

1 ⊕ 1 = 2
2 ⊖ 1 = 1
1 ⊕ 3 = 4
2 ⊖ 1 = 1
4 ⊕ 1 = 5
2 ⊖ 2 = 0
2 ⊕ 2 = 4
2 ⊕ 3 = 5
3 ⊖ 2 = 1
4 ⊖ 2 = 2
5 ⊖ 3 = 2

5 ⊖ 5 = 0
5 ⊖ 2 = 3
3 ⊕ 2 = 5
4 ⊖ 2 = 2
4 ⊖ 4 = 0
4 ⊕ 1 = 5
5 ⊖ 1 = 4
5 ⊖ 4 = 1
4 ⊖ 3 = 1
3 ⊖ 3 = 0
2 ⊕ 3 = 5

Page 12

Answer Key

Name _____

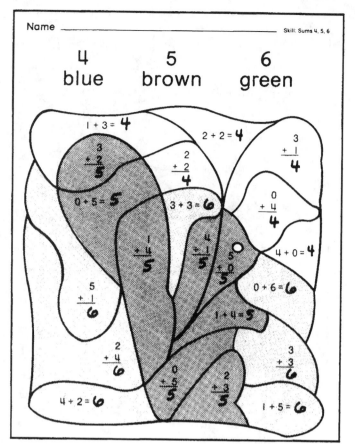

4 blue   **5** brown   **6** green

Page 13

Name _____

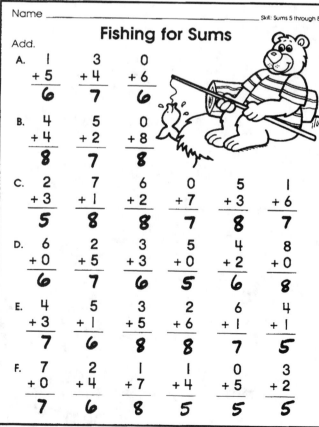

5 green   **6** brown   **7** blue

Page 14

Name _____   Skill: Sums 5 through 8

Make Way for Ducklings

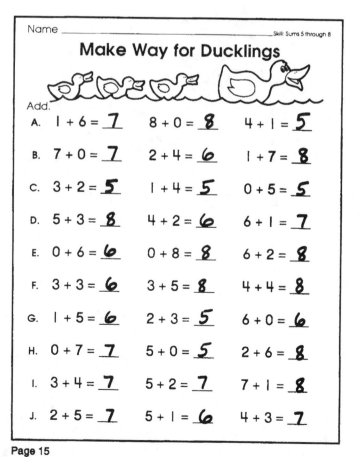

Add.

A. $1 + 6 = \underline{7}$ $8 + 0 = \underline{8}$ $4 + 1 = \underline{5}$

B. $7 + 0 = \underline{7}$ $2 + 4 = \underline{6}$ $1 + 7 = \underline{8}$

C. $3 + 2 = \underline{5}$ $1 + 4 = \underline{5}$ $0 + 5 = \underline{5}$

D. $5 + 3 = \underline{8}$ $4 + 2 = \underline{6}$ $6 + 1 = \underline{7}$

E. $0 + 6 = \underline{6}$ $0 + 8 = \underline{8}$ $6 + 2 = \underline{8}$

F. $3 + 3 = \underline{6}$ $3 + 5 = \underline{8}$ $4 + 4 = \underline{8}$

G. $1 + 5 = \underline{6}$ $2 + 3 = \underline{5}$ $6 + 0 = \underline{6}$

H. $0 + 7 = \underline{7}$ $5 + 0 = \underline{5}$ $2 + 6 = \underline{8}$

I. $3 + 4 = \underline{7}$ $5 + 2 = \underline{7}$ $7 + 1 = \underline{8}$

J. $2 + 5 = \underline{7}$ $5 + 1 = \underline{6}$ $4 + 3 = \underline{7}$

Page 15

Name _____   Skill: Sums 5 through 8

Fishing for Sums

Add.

A. $1+5=6$	$3+4=7$	$0+6=6$			
B. $4+4=8$	$5+2=7$	$0+8=8$			
C. $2+3=5$	$7+1=8$	$6+2=8$	$0+7=7$	$5+3=8$	$1+6=7$
D. $6+0=6$	$2+5=7$	$3+3=6$	$5+0=5$	$4+2=6$	$8+0=8$
E. $4+3=7$	$5+1=6$	$3+5=8$	$2+6=8$	$6+1=7$	$4+1=5$
F. $7+0=7$	$2+4=6$	$1+7=8$	$1+4=5$	$0+5=5$	$3+2=5$

Page 16

© Frank Schaffer Publications, Inc.

108

FS-32001 Beginning Math

Answer Key

Name _____ Skill: Sums 8 through 10

Teddy Bears' Picnic

Add.

A. $8 + 0 = $ **8** $5 + 5 = $ **10** $1 + 8 = $ **9**

B. $8 + 2 = $ **10** $4 + 5 = $ **9** $5 + 3 = $ **8**

C. $3 + 6 = $ **9** $2 + 8 = $ **10** $1 + 7 = $ **8**

D. $9 + 1 = $ **10** $7 + 2 = $ **9** $2 + 7 = $ **9**

E. $3 + 5 = $ **8** $3 + 7 = $ **10** $8 + 1 = $ **9**

F. $5 + 4 = $ **9** $7 + 1 = $ **8** $2 + 6 = $ **8**

G. $0 + 9 = $ **9** $4 + 4 = $ **8** $6 + 4 = $ **10**

H. $1 + 9 = $ **10** $6 + 3 = $ **9** $8 + 0 = $ **8**

I. $9 + 0 = $ **9** $7 + 3 = $ **10** $6 + 2 = $ **8**

J. $2 + 7 = $ **9** $4 + 6 = $ **10** $3 + 6 = $ **9**

Name _____ Skill: Sums 8 through 10

On the Ball

Add.

A. $7 + 1 = 8$ $4 + 4 = 8$ $0 + 9 = 9$

B. $8 + 1 = 9$ $3 + 5 = 8$ $2 + 8 = 10$

C. $3 + 7 = 10$ $2 + 6 = 8$ $5 + 4 = 9$ $2 + 7 = 9$ $8 + 2 = 10$ $4 + 5 = 9$

D. $1 + 8 = 9$ $3 + 6 = 9$ $1 + 7 = 8$ $4 + 6 = 10$ $7 + 3 = 10$ $9 + 0 = 9$

E. $9 + 1 = 10$ $7 + 2 = 9$ $2 + 8 = 10$ $6 + 2 = 8$ $8 + 0 = 8$ $6 + 3 = 9$

F. $3 + 7 = 10$ $5 + 3 = 8$ $6 + 4 = 10$ $5 + 5 = 10$ $1 + 9 = 10$ $0 + 8 = 8$

Name _____ Skill: Addition drill

3 — green
4 — blue
5 — red
6 — yellow

Color the boxes.

Name _____ Skill: Addition drill

Color the boxes.
3 — red
4 — yellow
5 — orange
6 — brown

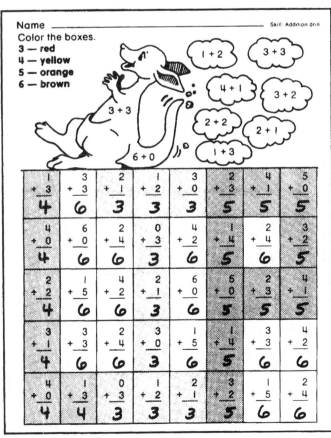

Answer Key

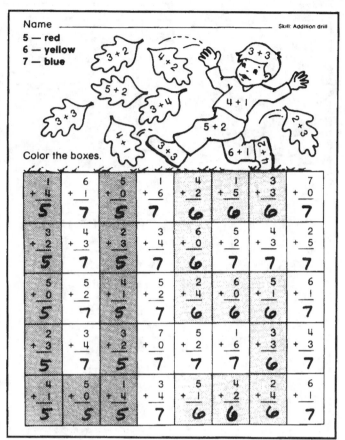

5 — red
6 — yellow
7 — blue

Color the boxes.

1+4=5	6+1=7	5+0=5	1+6=7	4+2=6	1+5=6	3+3=6	7+0=7
3+2=5	4+3=7	2+3=5	3+4=7	6+0=6	5+2=7	4+3=7	2+5=7
1+0=5	5+2=7	4+1=5	5+2=7	2+4=6	6+0=6	5+1=6	6+1=7
2+3=5	3+4=7	3+2=5	7+0=7	5+2=7	1+6=7	3+3=6	4+3=7
4+1=5	5+0=5	1+4=5	3+4=7	5+1=6	4+2=6	2+4=6	6+1=7

Page 21

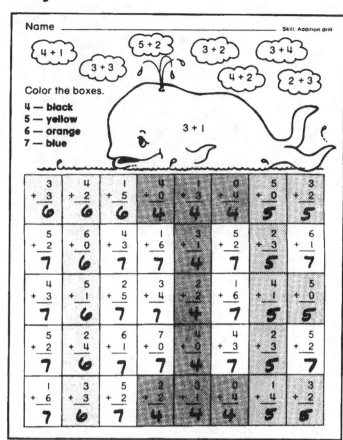

Color the boxes.

4 — black
5 — yellow
6 — orange
7 — blue

3+3=6	4+2=6	1+5=6	4+0=4	1+3=4	0+4=4	5+0=5	3+2=5
5+2=7	6+0=6	4+3=7	1+6=7	3+1=4	5+2=7	2+3=5	6+1=7
4+3=7	5+1=6	2+5=7	3+4=7	2+2=4	1+6=7	4+1=5	5+0=5
5+2=7	2+4=6	6+1=7	7+0=7	4+0=4	4+3=7	2+3=5	5+2=7
1+6=7	3+3=6	5+2=7	2+2=4	0+4=4	0+4=4	1+4=5	3+2=5

Page 22

6 — brown
7 — orange
8 — green

Color the boxes.

4+3=7	5+2=7	3+4=7	1+7=8	6+0=6	3+3=6	4+2=6	3+5=8
6+1=7	8+0=8	7+0=7	3+5=8	4+4=8	1+5=6	2+6=8	7+1=8
3+4=7	2+5=7	1+6=7	8+0=8	5+3=8	5+1=6	2+6=8	4+4=8
1+6=7	6+2=8	4+3=7	6+2=8	1+7=8	2+4=6	4+4=8	3+5=8

Page 23

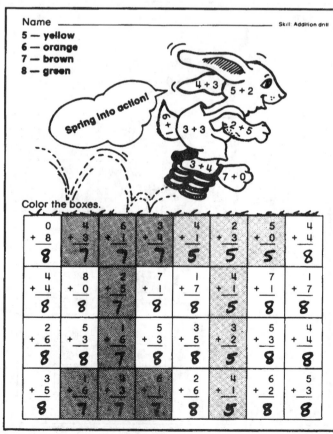

5 — yellow
6 — orange
7 — brown
8 — green

Color the boxes.

0+8=8	4+3=7	6+1=7	3+4=7	4+1=5	2+3=5	5+0=5	4+4=8
4+4=8	8+0=8	2+5=7	7+1=8	4+1=5	4+1=5	7+1=8	1+7=8
2+6=8	5+3=8	1+6=7	5+3=8	3+5=8	3+2=5	5+3=8	4+4=8
3+5=8	1+6=7	3+4=7	6+1=7	2+6=8	4+1=5	6+2=8	5+3=8

Page 24

Answer Key

Page 25

Page 26

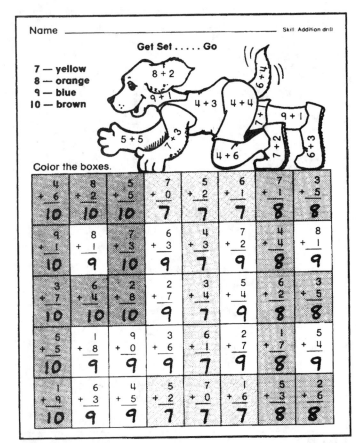

Page 27

What Number?

Find the missing number.

A. $1 + \boxed{3} = 4$ $2 + \boxed{0} = 2$ $4 + \boxed{1} = 5$

B. $1 + \boxed{1} = 2$ $0 + \boxed{3} = 3$ $1 + \boxed{2} = 3$

C. $3 + \boxed{0} = 3$ $1 + \boxed{4} = 5$ $0 + \boxed{1} = 1$

D. $2 + \boxed{1} = 3$ $0 + \boxed{4} = 4$ $3 + \boxed{2} = 5$

E. $0 + \boxed{0} = 0$ $3 + \boxed{1} = 4$ $1 + \boxed{0} = 1$

F. $0 + \boxed{2} = 2$ $2 + \boxed{2} = 4$ $4 + \boxed{0} = 4$

G. $5 + \boxed{0} = 5$ $1 + \boxed{4} = 5$ $2 + \boxed{3} = 5$

H. $1 + \boxed{5} = 6$ $4 + \boxed{3} = 7$ $2 + \boxed{4} = 6$

I. $3 + \boxed{3} = 6$ $0 + \boxed{5} = 5$ $5 + \boxed{1} = 6$

J. $4 + \boxed{2} = 6$ $4 + \boxed{4} = 8$ $5 + \boxed{2} = 7$

Page 28

Answer Key

Seesaw Math

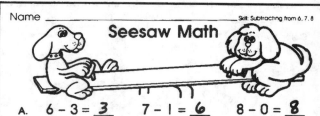

Name _____ Skill: Subtracting from 6, 7, 8

A. 6 − 3 = 3   7 − 1 = 6   8 − 0 = 8
B. 7 − 2 = 5   8 − 8 = 0   8 − 4 = 4
C. 6 − 6 = 0   7 − 4 = 3   6 − 1 = 5
D. 8 − 2 = 6   6 − 0 = 6   7 − 6 = 1
E. 7 − 3 = 4   8 − 7 = 1   6 − 4 = 2
F. 8 − 3 = 5   7 − 0 = 7   6 − 5 = 1
G. 8 − 1 = 7   7 − 7 = 0   8 − 6 = 2
H. 6 − 2 = 4   8 − 5 = 3   7 − 5 = 2
I. 7 − 4 = 3   6 − 1 = 5   8 − 8 = 0
J. 6 − 3 = 3   8 − 4 = 4   7 − 2 = 5

Page 29

Go Fly a Kite

Name _____ Skill: Subtracting from 6, 7, 8

A.	6 −1 = 5	7 −4 = 3	6 −6 = 0	8 −1 = 7	7 −7 = 0	8 −6 = 2
B.	7 −1 = 6	8 −0 = 8	6 −3 = 3	8 −4 = 4	7 −2 = 5	8 −8 = 0
C.	6 −0 = 6	8 −2 = 6	7 −6 = 1	6 −2 = 4	7 −5 = 2	8 −5 = 3
D.	8 −7 = 1	6 −4 = 2	7 −3 = 4	7 −0 = 7	6 −5 = 1	8 −3 = 5
E.				6 −6 = 0	7 −1 = 6	8 −0 = 8
F.				7 −6 = 1	8 −2 = 6	6 −4 = 2

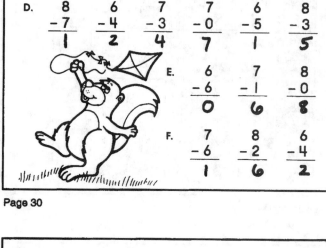

Page 30

Smooth Sailing

Name _____ Skill: Subtracting from 6, 7, 8, 9, 10

A. 9 − 2 = 7   8 − 4 = 4   10 − 5 = 5
B. 9 − 4 = 5   6 − 5 = 1   8 − 0 = 8
C. 9 − 1 = 8   9 − 3 = 6   7 − 7 = 0
D. 10 − 8 = 2   9 − 9 = 0   8 − 2 = 6
E. 10 − 1 = 9   8 − 7 = 1   9 − 5 = 4
F. 7 − 3 = 4   10 − 4 = 6   7 − 6 = 1
G. 9 − 0 = 9   10 − 6 = 4   6 − 4 = 2
H. 9 − 7 = 2   10 − 3 = 7   7 − 1 = 6
I. 9 − 8 = 1   6 − 6 = 0   10 − 2 = 8
J. 10 − 9 = 1   10 − 7 = 3   9 − 6 = 3

Page 31

Busy Bees

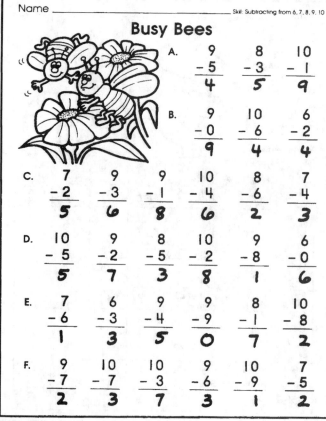

Name _____ Skill: Subtracting from 6, 7, 8, 9, 10

A.	9 −5 = 4	8 −3 = 5	10 −1 = 9			
B.	9 −0 = 9	10 −6 = 4	6 −2 = 4			
C.	7 −2 = 5	9 −3 = 6	9 −1 = 8	10 −4 = 6	8 −6 = 2	7 −4 = 3
D.	10 −5 = 5	9 −2 = 7	8 −5 = 3	10 −2 = 8	9 −8 = 1	6 −0 = 6
E.	7 −6 = 1	6 −3 = 3	9 −4 = 5	9 −9 = 0	8 −1 = 7	10 −8 = 2
F.	9 −7 = 2	10 −7 = 3	10 −3 = 7	9 −6 = 3	10 −9 = 1	7 −5 = 2

Page 32

© Frank Schaffer Publications, Inc.

112

FS-32001 Beginning Math

Answer Key

Page 33

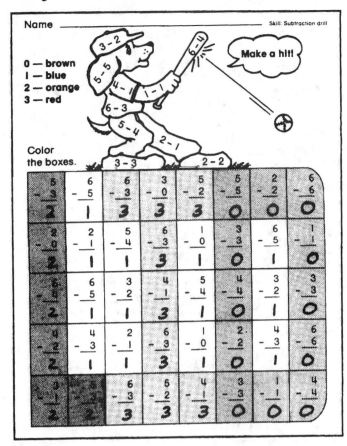

Page 34

Page 35

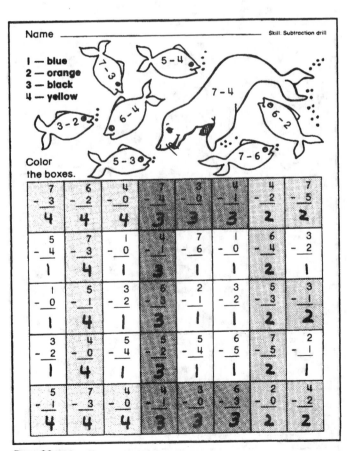

Page 36

FS-32001 Beginning Math

Answer Key

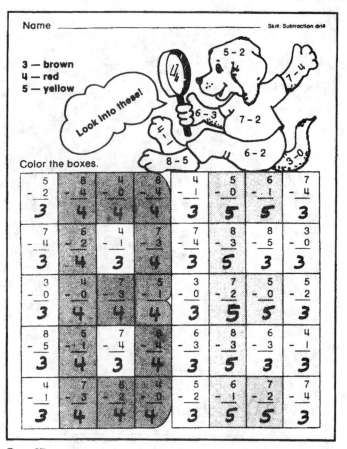

Page 37

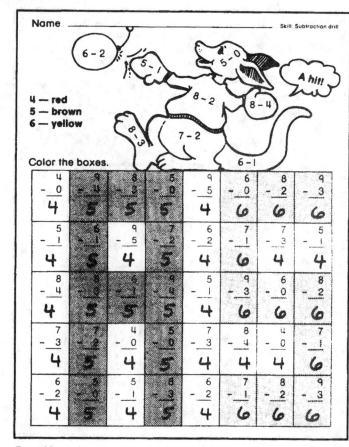

Page 38

Page 39

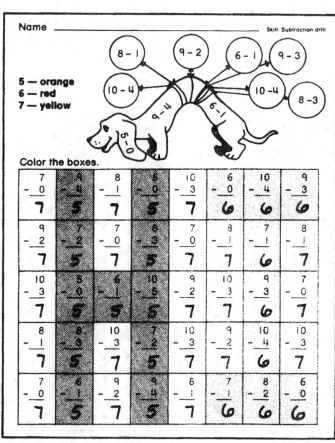

Page 40

Answer Key

Page 41

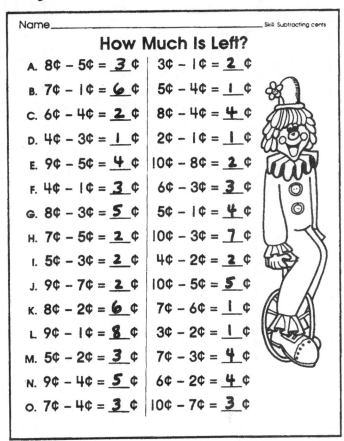

How Much Is Left?
Skill: Subtracting cents

A. 8¢ – 5¢ = __3__ ¢   3¢ – 1¢ = __2__ ¢

B. 7¢ – 1¢ = __6__ ¢   5¢ – 4¢ = __1__ ¢

C. 6¢ – 4¢ = __2__ ¢   8¢ – 4¢ = __4__ ¢

D. 4¢ – 3¢ = __1__ ¢   2¢ – 1¢ = __1__ ¢

E. 9¢ – 5¢ = __4__ ¢   10¢ – 8¢ = __2__ ¢

F. 4¢ – 1¢ = __3__ ¢   6¢ – 3¢ = __3__ ¢

G. 8¢ – 3¢ = __5__ ¢   5¢ – 1¢ = __4__ ¢

H. 7¢ – 5¢ = __2__ ¢   10¢ – 3¢ = __7__ ¢

I. 5¢ – 3¢ = __2__ ¢   4¢ – 2¢ = __2__ ¢

J. 9¢ – 7¢ = __2__ ¢   10¢ – 5¢ = __5__ ¢

K. 8¢ – 2¢ = __6__ ¢   7¢ – 6¢ = __1__ ¢

L. 9¢ – 1¢ = __8__ ¢   3¢ – 2¢ = __1__ ¢

M. 5¢ – 2¢ = __3__ ¢   7¢ – 3¢ = __4__ ¢

N. 9¢ – 4¢ = __5__ ¢   6¢ – 2¢ = __4__ ¢

O. 7¢ – 4¢ = __3__ ¢   10¢ – 7¢ = __3__ ¢

Page 42

What's Missing?
Skill: Missing numbers

A. 5 – [2] = 3   4 – [1] = 3   3 – [1] = 2

B. 2 – [0] = 2   2 – [1] = 1   4 – [2] = 2

C. 1 – [1] = 0   5 – [3] = 2   3 – [3] = 0

D. 4 – [0] = 4   2 – [0] = 2   3 – [2] = 1

E. 0 – [0] = 0   5 – [1] = 4   1 – [0] = 1

F. 5 – [0] = 5   3 – [1] = 2   6 – [1] = 5

G. 7 – [0] = 7   6 – [3] = 3   5 – [5] = 0

H. 4 – [4] = 0   6 – [2] = 4   4 – [3] = 1

I. 7 – [3] = 4   7 – [2] = 5   6 – [5] = 1

J. 5 – [4] = 1   6 – [0] = 6   7 – [1] = 6

Page 43

Number Please
Skill: Missing numbers

A. [3] – 2 = 1   [4] – 1 = 3   [5] – 0 = 5

B. [2] – 1 = 1   [6] – 3 = 3   [4] – 2 = 2

C. [5] – 4 = 1   [5] – 5 = 0   [4] – 2 = 2   [4] – 0 = 4   [3] – 3 = 0   [5] – 1 = 4

D. [4] – 4 = 0   [3] – 0 = 3   [5] – 3 = 2   [6] – 4 = 2   [7] – 5 = 2   [7] – 7 = 0

E. [8] – 4 = 4   [6] – 6 = 0   [7] – 4 = 3   [7] – 6 = 1   [8] – 1 = 7   [6] – 2 = 4

F. [7] – 2 = 5   [6] – 1 = 5   [8] – 5 = 3   [7] – 3 = 4   [8] – 2 = 6   [6] – 3 = 3

Page 44

Answer Key

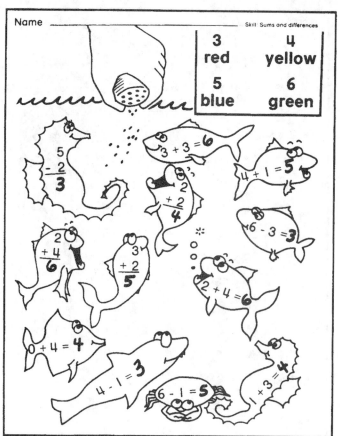

Page 45

Page 46

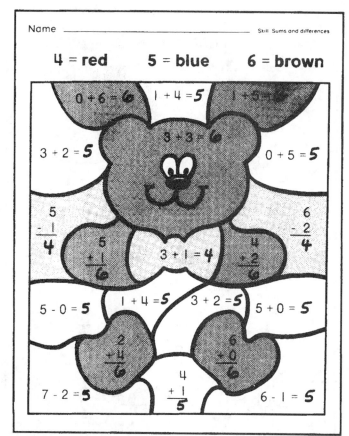

Page 47

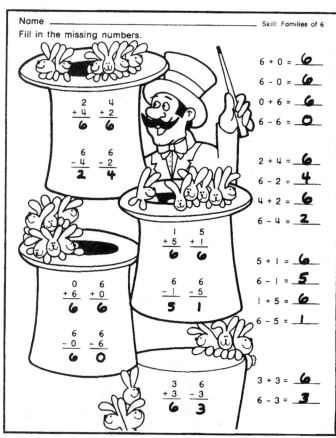

Page 48

116

Answer Key

Fill in the missing numbers.

$0 + 6 = 6$ $6 - 3 = 3$ $4 + 2 = 6$
$6 - 5 = 1$ $5 + 1 = 6$ $6 + 0 = 6$
$2 + 4 = 6$ $6 - 4 = 2$ $6 - 3 = 3$
$3 + 3 = 6$ $6 - 6 = 0$ $1 + 5 = 6$
$6 - 6 = 0$ $2 + 4 = 6$ $6 - 4 = 2$
$4 + 2 = 6$ $6 - 2 = 4$ $6 - 1 = 5$
$5 + 1 = 6$ $6 - 0 = 6$ $3 + 3 = 6$
$6 - 2 = 4$ $1 + 5 = 6$ $6 - 0 = 6$

Page 49

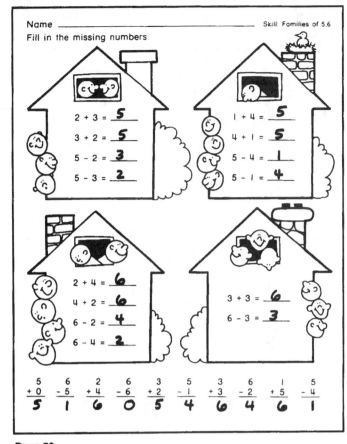

Fill in the missing numbers.

$2 + 3 = 5$
$3 + 2 = 5$
$5 - 2 = 3$
$5 - 3 = 2$

$1 + 4 = 5$
$4 + 1 = 5$
$5 - 4 = 1$
$5 - 1 = 4$

$2 + 4 = 6$
$4 + 2 = 6$
$6 - 2 = 4$
$6 - 4 = 2$

$3 + 3 = 6$
$6 - 3 = 3$

5	6	2	6	3	5	3	6	1	5
$+0$	-5	$+4$	-6	$+2$	-1	$+3$	-2	$+5$	-4
5	1	6	0	5	4	6	4	6	1

Page 50

Fill in the missing numbers.

$4 + 3 = 7$ $7 - 4 = 3$
$3 + 4 = 7$ $7 - 3 = 4$

4	3	7	7
$+3$	$+4$	-4	-3
7	7	4	4

$2 + 5 = 7$ $7 - 5 = 2$
$5 + 2 = 7$ $7 - 2 = 5$

5	7	7	2
$+2$	-5	-2	$+5$
7	2	5	7

$1 + 6 = 7$ $7 - 6 = 1$
$6 + 1 = 7$ $7 - 1 = 6$

7	7	1	6
-6	-1	$+6$	$+1$
1	6	7	7

$7 + 0 = 7$ $7 - 0 = 7$
$0 + 7 = 7$ $7 - 7 = 0$

0	7	7	7
$+7$	-0	$+0$	-7
7	7	7	0

2	7	4	7	1	7	0	7	3	7
$+5$	-2	$+3$	-3	$+6$	-6	$+7$	-0	$+4$	-4
7	5	7	4	7	1	7	7	7	3

Page 51

Fill in the missing numbers.

7	3		0	7	6	7
-1	$+4$		$+7$	-6	$+1$	-0
6	7		7	1	7	7

7	7
-2	$+0$
5	7

4	7	5	7	7	7	2
$+3$	-7	$+2$	-4	$+0$	-3	$+5$
7	0	7	3	7	4	7

1	3	7	7
$+6$	$+4$	-5	-6
7	7	2	1

7	4	7	7
-2	$+3$	-6	-5
5	7	1	2

$1 + 6 = 7$ $7 - 2 = 5$
$7 - 0 = 7$ $3 + 4 = 7$
$2 + 5 = 7$ $6 + 1 = 7$
$4 + 3 = 7$ $7 - 7 = 0$

$7 - 1 = 6$
$7 - 6 = 1$ $7 - 4 = 3$ $5 + 2 = 7$ $0 + 7 = 7$

Page 52

Answer Key

Fill in the missing numbers.

$2 + 6 = 8$
$8 - 6 = 2$
$6 + 2 = 8$
$8 - 2 = 6$
$1 + 7 = 8$
$8 - 7 = 1$
$7 + 1 = 8$
$8 - 1 = 7$
$3 + 5 = 8$
$8 - 5 = 3$
$5 + 3 = 8$
$8 - 3 = 5$
$0 + 8 = 8$
$8 - 8 = 0$
$8 + 0 = 8$
$8 - 0 = 8$
$4 + 4 = 8$
$8 - 4 = 4$

Page 53

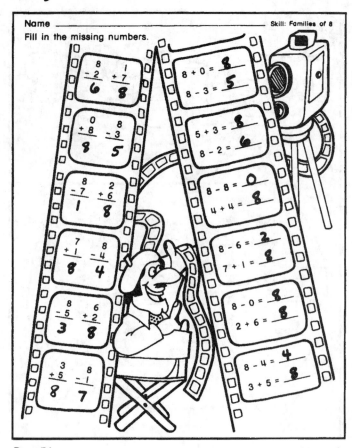

Name _____ Skill: Families of 8

Fill in the missing numbers.

$8 + 0 = 8$
$8 - 3 = 5$
$5 + 3 = 8$
$8 - 2 = 6$
$8 - 8 = 0$
$4 + 4 = 8$
$8 - 6 = 2$
$7 + 1 = 8$
$8 - 0 = 8$
$2 + 6 = 8$
$8 - 4 = 4$
$3 + 5 = 8$

Page 54

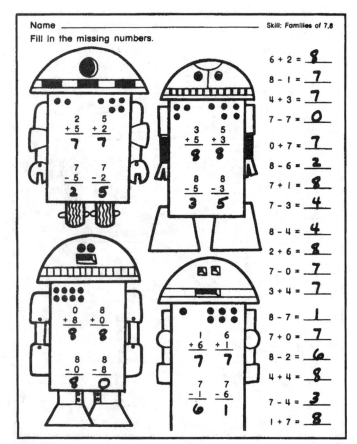

Name _____ Skill: Families of 7,8

Fill in the missing numbers.

$6 + 2 = 8$
$8 - 1 = 7$
$4 + 3 = 7$
$7 - 7 = 0$
$0 + 7 = 7$
$8 - 6 = 2$
$7 + 1 = 8$
$7 - 3 = 4$
$8 - 4 = 4$
$2 + 6 = 8$
$7 - 0 = 7$
$3 + 4 = 7$
$8 - 7 = 1$
$7 + 0 = 7$
$8 - 2 = 6$
$4 + 4 = 8$
$7 - 4 = 3$
$1 + 7 = 8$

Page 55

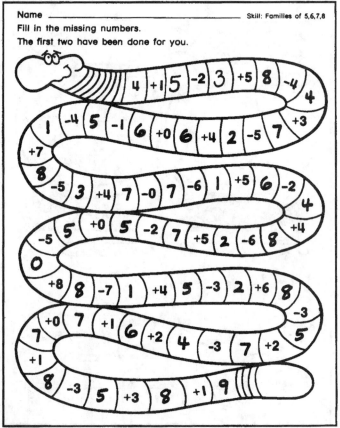

Name _____ Skill: Families of 5,6,7,8

Fill in the missing numbers.
The first two have been done for you.

Page 56

Answer Key

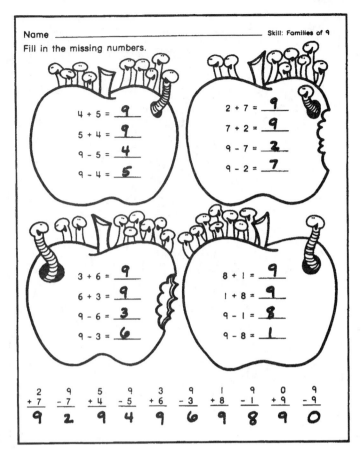

Fill in the missing numbers.

$4 + 5 = 9$
$5 + 4 = 9$
$9 - 5 = 4$
$9 - 4 = 5$

$2 + 7 = 9$
$7 + 2 = 9$
$9 - 7 = 2$
$9 - 2 = 7$

$3 + 6 = 9$
$6 + 3 = 9$
$9 - 6 = 3$
$9 - 3 = 6$

$8 + 1 = 9$
$1 + 8 = 9$
$9 - 1 = 8$
$9 - 8 = 1$

$\begin{array}{c} 2 \\ +7 \\ \hline 9 \end{array}$ $\begin{array}{c} 9 \\ -7 \\ \hline 2 \end{array}$ $\begin{array}{c} 5 \\ +4 \\ \hline 9 \end{array}$ $\begin{array}{c} 9 \\ -5 \\ \hline 4 \end{array}$ $\begin{array}{c} 3 \\ +6 \\ \hline 9 \end{array}$ $\begin{array}{c} 9 \\ -3 \\ \hline 6 \end{array}$ $\begin{array}{c} 1 \\ +8 \\ \hline 9 \end{array}$ $\begin{array}{c} 9 \\ -1 \\ \hline 8 \end{array}$ $\begin{array}{c} 0 \\ +9 \\ \hline 9 \end{array}$ $\begin{array}{c} 9 \\ -9 \\ \hline 0 \end{array}$

Page 57

Fill in the missing numbers.

$\begin{array}{c} 0 \\ +9 \\ \hline 9 \end{array}$ $\begin{array}{c} 9 \\ -3 \\ \hline 6 \end{array}$ $\begin{array}{c} 2 \\ +7 \\ \hline 9 \end{array}$ $\begin{array}{c} 9 \\ -4 \\ \hline 5 \end{array}$

$\begin{array}{c} 9 \\ -9 \\ \hline 0 \end{array}$ $\begin{array}{c} 1 \\ +8 \\ \hline 9 \end{array}$ $\begin{array}{c} 9 \\ -0 \\ \hline 9 \end{array}$ $\begin{array}{c} 3 \\ +6 \\ \hline 9 \end{array}$

$\begin{array}{c} 9 \\ -0 \\ \hline 9 \end{array}$ $\begin{array}{c} 9 \\ -5 \\ \hline 4 \end{array}$ $\begin{array}{c} 9 \\ -8 \\ \hline 1 \end{array}$ $\begin{array}{c} 7 \\ +2 \\ \hline 9 \end{array}$

$\begin{array}{c} 5 \\ +4 \\ \hline 9 \end{array}$ $\begin{array}{c} 9 \\ -7 \\ \hline 2 \end{array}$ $\begin{array}{c} 6 \\ +3 \\ \hline 9 \end{array}$ $\begin{array}{c} 9 \\ -9 \\ \hline 0 \end{array}$

$\begin{array}{c} 9 \\ -6 \\ \hline 3 \end{array}$ $\begin{array}{c} 9 \\ +0 \\ \hline 9 \end{array}$ $\begin{array}{c} 9 \\ -1 \\ \hline 8 \end{array}$ $\begin{array}{c} 7 \\ +2 \\ \hline 9 \end{array}$

$\begin{array}{c} 3 \\ +6 \\ \hline 9 \end{array}$ $\begin{array}{c} 8 \\ +1 \\ \hline 9 \end{array}$ $\begin{array}{c} 9 \\ -2 \\ \hline 7 \end{array}$ $\begin{array}{c} 4 \\ +5 \\ \hline 9 \end{array}$

Page 58

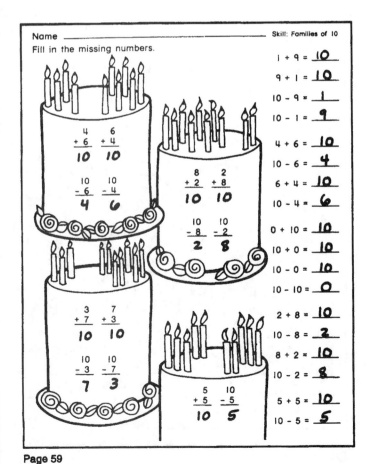

Fill in the missing numbers.

$\begin{array}{c} 4 \\ +6 \\ \hline 10 \end{array}$ $\begin{array}{c} 6 \\ +4 \\ \hline 10 \end{array}$

$\begin{array}{c} 10 \\ -6 \\ \hline 4 \end{array}$ $\begin{array}{c} 10 \\ -4 \\ \hline 6 \end{array}$

$\begin{array}{c} 8 \\ +2 \\ \hline 10 \end{array}$ $\begin{array}{c} 2 \\ +8 \\ \hline 10 \end{array}$

$\begin{array}{c} 10 \\ -8 \\ \hline 2 \end{array}$ $\begin{array}{c} 10 \\ -2 \\ \hline 8 \end{array}$

$\begin{array}{c} 3 \\ +7 \\ \hline 10 \end{array}$ $\begin{array}{c} 7 \\ +3 \\ \hline 10 \end{array}$

$\begin{array}{c} 10 \\ -3 \\ \hline 7 \end{array}$ $\begin{array}{c} 10 \\ -7 \\ \hline 3 \end{array}$

$\begin{array}{c} 5 \\ +5 \\ \hline 10 \end{array}$ $\begin{array}{c} 10 \\ -5 \\ \hline 5 \end{array}$

$1 + 9 = 10$
$9 + 1 = 10$
$10 - 9 = 1$
$10 - 1 = 9$
$4 + 6 = 10$
$10 - 6 = 4$
$6 + 4 = 10$
$10 - 4 = 6$
$0 + 10 = 10$
$10 + 0 = 10$
$10 - 0 = 10$
$10 - 10 = 0$
$2 + 8 = 10$
$10 - 8 = 2$
$8 + 2 = 10$
$10 - 2 = 8$
$5 + 5 = 10$
$10 - 5 = 5$

Page 59

Fill in the missing numbers.

$\begin{array}{c} 2 \\ +8 \\ \hline 10 \end{array}$ $\begin{array}{c} 0 \\ +10 \\ \hline 10 \end{array}$ $\begin{array}{c} 10 \\ -1 \\ \hline 9 \end{array}$

$\begin{array}{c} 3 \\ +7 \\ \hline 10 \end{array}$ $\begin{array}{c} 5 \\ +5 \\ \hline 10 \end{array}$ $\begin{array}{c} 10 \\ -4 \\ \hline 6 \end{array}$

$\begin{array}{c} 1 \\ +9 \\ \hline 10 \end{array}$ $\begin{array}{c} 10 \\ -8 \\ \hline 2 \end{array}$ $\begin{array}{c} 10 \\ -7 \\ \hline 3 \end{array}$

$\begin{array}{c} 10 \\ -10 \\ \hline 0 \end{array}$ $\begin{array}{c} 4 \\ +6 \\ \hline 10 \end{array}$ $\begin{array}{c} 10 \\ -5 \\ \hline 5 \end{array}$

$10 - 6 = 4$
$9 + 1 = 10$
$8 + 2 = 10$
$10 - 5 = 5$
$7 + 3 = 10$
$10 - 0 = 10$

$10 + 0 = 10$
$10 - 9 = 1$
$10 - 2 = 8$
$6 + 4 = 10$
$2 + 8 = 10$
$10 - 3 = 7$

Page 60

119

Answer Key

Page 61

Name ___ Skill: Families of 9, 10

Fill in the missing numbers.

$4 + 5 = 9$ $3 + 6 = 9$
$9 - 5 = 4$ $9 - 6 = 3$
$5 + 4 = 9$ $6 + 3 = 9$
$9 - 4 = 5$ $9 - 3 = 6$

$2 + 8 = 10$ $4 + 6 = 10$
$10 - 8 = 2$ $10 - 6 = 4$
$8 + 2 = 10$ $6 + 4 = 10$
$10 - 2 = 8$ $10 - 4 = 6$

| $\begin{array}{r}1\\+8\\\hline 9\end{array}$ | $\begin{array}{r}9\\-9\\\hline 0\end{array}$ | $\begin{array}{r}3\\+7\\\hline 10\end{array}$ | $\begin{array}{r}10\\-5\\\hline 5\end{array}$ | $\begin{array}{r}10\\-9\\\hline 1\end{array}$ | $\begin{array}{r}10\\+0\\\hline 10\end{array}$ | $\begin{array}{r}0\\+9\\\hline 9\end{array}$ | $\begin{array}{r}9\\-8\\\hline 1\end{array}$ | $\begin{array}{r}5\\+5\\\hline 10\end{array}$ | $\begin{array}{r}9\\-7\\\hline 2\end{array}$ |

Page 61

Page 62

Name ___ Skill: Sums and differences

$\begin{array}{r}8\\-0\\\hline 8\end{array}$
$\begin{array}{r}4\\+2\\\hline 6\end{array}$
$5 + 1 = 6$
$9 - 3 = 6$
$4 + 3 = 7$
$10 - 4 = 6$
$10 - 2 = 8$
$\begin{array}{r}3\\+3\\\hline 6\end{array}$
$\begin{array}{r}7\\-0\\\hline 7\end{array}$
$\begin{array}{r}6\\-0\\\hline 6\end{array}$
$\begin{array}{r}5\\+2\\\hline 7\end{array}$
$\begin{array}{r}9\\-2\\\hline 7\end{array}$
$6 + 2 = 8$
$10 - 3 = 7$
$\begin{array}{r}3\\+5\\\hline 8\end{array}$
$\begin{array}{r}4\\+4\\\hline 8\end{array}$
$\begin{array}{r}8\\\hline 8\end{array}$

6 = red   7 = orange   8 = green

Page 62

Page 63

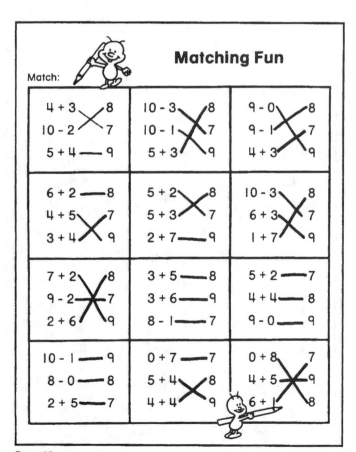

Match:

Matching Fun

$4 + 3$ — 8 $10 - 2$ — 7 $5 + 4$ — 9	$10 - 3$ — 8 $10 - 1$ — 7 $5 + 3$ — 9	$9 - 0$ — 8 $9 - 1$ — 7 $4 + 3$ — 9
$6 + 2$ — 8 $4 + 5$ — 7 $3 + 4$ — 9	$5 + 2$ — 8 $5 + 3$ — 7 $2 + 7$ — 9	$10 - 3$ — 8 $6 + 3$ — 7 $1 + 7$ — 9
$7 + 2$ — 8 $9 - 2$ — 7 $2 + 6$ — 9	$3 + 5$ — 8 $3 + 6$ — 9 $8 - 1$ — 7	$5 + 2$ — 7 $4 + 4$ — 8 $9 - 0$ — 9
$10 - 1$ — 9 $8 - 0$ — 8 $2 + 5$ — 7	$0 + 7$ — 7 $5 + 4$ — 8 $4 + 4$ — 9	$0 + 8$ — 7 $4 + 5$ — 9 $6 + 1$ — 8

Page 63

Page 64

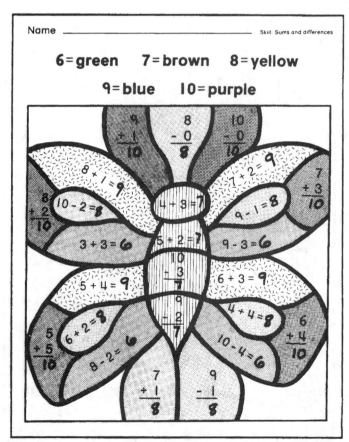

Name ___ Skill: Sums and differences

6 = green   7 = brown   8 = yellow

9 = blue   10 = purple

$\begin{array}{r}9\\+1\\\hline 10\end{array}$
$\begin{array}{r}8\\-0\\\hline 8\end{array}$
$\begin{array}{r}10\\-0\\\hline 10\end{array}$
$8 + 1 = 9$
$7 + 2 = 9$
$\begin{array}{r}8\\+2\\\hline 10\end{array}$
$10 - 2 = 8$
$4 + 3 = 7$
$\begin{array}{r}7\\+3\\\hline 10\end{array}$
$9 - 1 = 8$
$3 + 3 = 6$
$5 + 2 = 7$
$9 - 3 = 6$
$\begin{array}{r}10\\-3\\\hline 7\end{array}$
$5 + 4 = 9$
$\begin{array}{r}9\\-2\\\hline 7\end{array}$
$6 + 3 = 9$
$\begin{array}{r}5\\+5\\\hline 10\end{array}$
$6 + 2 = 8$
$8 - 2 = 6$
$4 + 4 = 8$
$10 - 4 = 6$
$\begin{array}{r}6\\+4\\\hline 10\end{array}$
$\begin{array}{r}7\\+1\\\hline 8\end{array}$
$\begin{array}{r}9\\-1\\\hline 8\end{array}$

Page 64

Answer Key

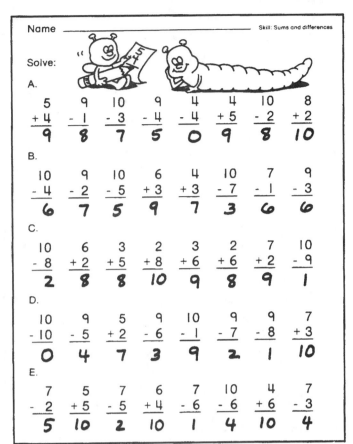

Page 65

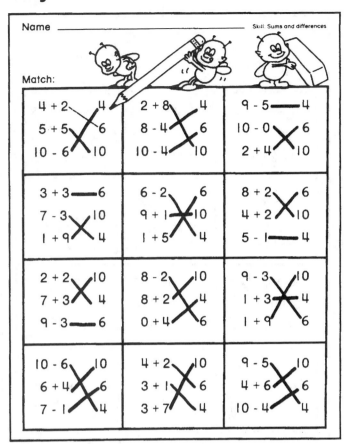

Page 66

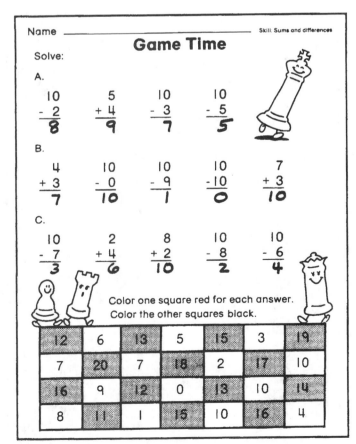

Page 67

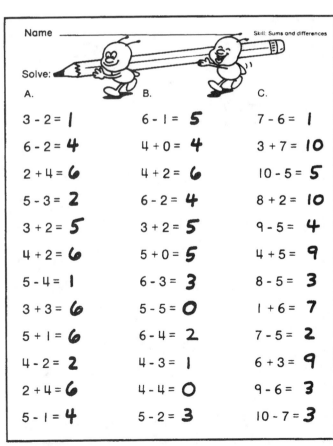

Page 68

FS-32001 Beginning Math

Answer Key

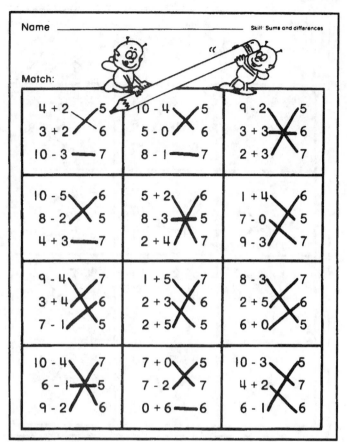

Match:

4 + 2 — 5 3 + 2 — 6 10 - 3 — 7	10 - 4 — 5 5 - 0 — 6 8 - 1 — 7	9 - 2 — 5 3 + 3 — 6 2 + 3 — 7
10 - 5 — 6 8 - 2 — 5 4 + 3 — 7	5 + 2 — 6 8 - 3 — 5 2 + 4 — 7	1 + 4 — 6 7 - 0 — 5 9 - 3 — 7
9 - 4 — 7 3 + 4 — 6 7 - 1 — 5	1 + 5 — 7 2 + 3 — 6 2 + 5 — 5	8 - 3 — 7 2 + 5 — 6 6 + 0 — 5
10 - 4 — 7 6 - 1 — 5 9 - 2 — 6	7 + 0 — 5 7 - 2 — 7 0 + 6 — 6	10 - 3 — 5 4 + 2 — 7 6 - 1 — 6

Page 69

Find-Out Mystery

Solve:

A.

3 + 2 **5**	10 - 1 **9**	8 - 1 **7**	8 + 2 **10**	6 + 2 **8**

B.

6 - 2 **4**	6 + 0 **6**	6 + 1 **7**	7 - 4 **3**	7 - 5 **2**	0 + 1 **1**

C.

9 - 9 **0**	0 + 0 **0**	10 - 2 **8**	3 + 3 **6**

Color one space for each answer.

Page 70

Solve:

A.
7 + 0 = **7**
9 - 2 = **7**
5 + 4 = **9**
8 - 2 = **6**
5 + 5 = **10**
7 - 2 = **5**
6 + 4 = **10**
10 - 2 = **8**
6 + 3 = **9**
9 - 3 = **6**
7 + 3 = **10**
8 - 3 = **5**

B.
4 + 6 = **10**
7 - 3 = **4**
2 + 8 = **10**
10 - 3 = **7**
5 + 3 = **8**
3 + 6 = **9**
9 - 4 = **5**
3 + 7 = **10**
4 + 4 = **8**
8 - 4 = **4**
3 + 5 = **8**
6 + 2 = **8**

C.
7 - 4 = **3**
2 + 6 = **8**
10 - 4 = **6**
5 + 2 = **7**
7 + 2 = **9**
9 - 6 = **3**
2 + 5 = **7**
4 + 3 = **7**
8 - 6 = **2**
8 + 0 = **8**
10 - 6 = **4**
7 + 1 = **8**

Page 71

Write **plus** or **minus** in each circle to make the number sentence true.

3 ⊕ 4 = 7
4 ⊕ 2 = 6
3 ⊕ 3 = 6
8 ⊖ 1 = 7
8 ⊕ 1 = 9
7 ⊖ 3 = 4
7 ⊕ 2 = 9
7 ⊖ 4 = 3
8 ⊖ 2 = 6
2 ⊕ 4 = 6
1 ⊕ 5 = 6
7 ⊖ 2 = 5
2 ⊕ 5 = 7

3 ⊕ 4 = 7
7 ⊖ 5 = 2
7 ⊖ 6 = 1
7 ⊖ 7 = 0
7 ⊕ 3 = 10
8 ⊕ 1 = 9
8 ⊕ 2 = 10
8 ⊖ 4 = 4
8 ⊖ 3 = 5
8 ⊖ 5 = 3
6 ⊕ 4 = 10
6 ⊕ 3 = 9
6 ⊕ 2 = 8

Page 72